필승합격 일본어능력시험
N3 단어장 2000

아크아카데미

주제별 단어 · 알기 쉬운 예문 · 온라인 모의시험

일본어능력시험
JLPT

머리말

 일본어를 학습하는 사람들의 동기와 목적은 취미, 자기 계발, 유학, 취업 등으로 다양합니다.

 각자 다른 동기와 목적을 가지고 일본어를 배우고 있는 가운데 많은 분들이 시간과 노력을 들여 공부한 자신의 일본어 실력을 검증하기 위해 일본어능력시험 (JLPT) 에 응시하고 있습니다.

 JLPT 는 '문자 / 어휘', '문법', '독해', '청해' 의 네 개 파트로 구성되어 있습니다. 그 중에서 '문자 / 어휘' 는 '단어' 라고 하며 일본어 학습의 가장 기본이 된다고 할 수 있습니다.

 다른 파트들도 살펴보자면, '단어' 를 나열하여 문장을 만드는 방식이 '문법' 이며 '단어' 와 '문법' 으로 구성된 문장에 대해 이해하는 것이 '독해' 입니다. '청해' 는 이 '독해' 문장을 청각으로 듣고 이해하는 것이라 할 수 있습니다.

 그렇다면 '단어' 는 일본어 학습에서 가장 선행되어야 할 중요한 요소라고 할 수 있습니다.

 JLPT 의 '문자 / 어휘' 파트에 출제되는 문제 수를 각 레벨별로 분석해 보면 아래와 같습니다.

대문제	N1	N2	N3	N4	N5
한자 읽기	6	5	8	9	12
표기	-	5	6	6	8
단어 형성	-	5	-	-	-
문맥 규정	7	7	11	10	10
유의 표현	6	5	5	5	5
용법	6	5	5	5	-
문제수 합계	25	32	35	35	35

 '한자 읽기 및 표기', '문장 흐름에 맞는 어휘' 등을 고르는 문제가 출제되는 '문자 / 어휘' 문제를 한 번에 완벽하게 정리하려는 것은 욕심입니다. 여러 번 반복하여 암기하려는 마음가짐이 중요합니다.

한자는 음독, 훈독, 탁음, 장음 / 단음, 촉음에 주의하여 공부하고 소리 내어 읽어 보는 것이 중요합니다.

'문맥에 맞는 어휘를 고르는 문제'에는 특히 부사가 많이 출제되므로 효과적인 학습을 위해 평소에 단어 자체보다 문장 단위로 이해하려고 노력해야 합니다. 또한, '알맞은 용법을 고르는 문제'는 문장 전체를 익히면서 해당 문장 속에서 단어의 의미를 파악하도록 하는 것이 중요합니다.

여러분이 JLPT를 공부하는 방식은 각자 다를 것입니다. 학교에서의 수업도 교사마다 다르고 학원에서의 강의도 강사 마다 다를 수 있습니다.

그러나 각 레벨의 난이도에 해당하는 '문자 / 어휘'는 정해져 있으며 그것들을 학습 교재를 통해 단계적으로 익혀나가는 것이 일반적인 방식이지만, 우리는 여기에 그 하나의 효과적인 방식을 제시하는 의미에서 이 책을 발행하기로 하였습니다.

이 책의 가장 중요한 포인트는 주제별로 단어를 모아서 정리한 점입니다. 상황별로 그에 해당하는 관련 단어를 모아 한꺼번에 정리하는 방식이 학습자의 이해와 암기에 도움이 된다고 생각하였습니다.

다음으로 예문 선정에 심혈을 기울여 해당 표제 단어를 가장 잘 이해할 수 있도록 적합한 예문을 제시하였습니다. 그리고 그 예문을 음성으로 들음으로써 암기 효과를 높이고 한자의 발음도 익힐 수 있도록 음성파일을 제공하고 있습니다.

나아가 모의시험 문제를 레벨에 따라 140 문제 ~252 문제씩 온라인으로 제공하고 있습니다. 실시간으로 문제를 풀고 정답 확인이 가능합니다. 또한 모의시험 문제들은 PDF로 다운로드하여 풀어볼 수도 있습니다.

이 < 필승합격 단어장 시리즈 > 는 N5에서 N1까지 모든 레벨에 대해 다섯 권의 단어장으로 발행하였습니다. JLPT에 도전하는 학습자 여러분이 단계별로 이 시리즈로 학습하여 단기간에 각 레벨에 필승합격하시기를 기원합니다.

2020 년 11 월
(주) 해외교육사업단

이 책의 사용법

▶ 주제별 단어 학습

일본어능력시험 (JLPT) 에서 다루는 수 많은 단어를 수준별, 주제별로 정리한 것이 <필승합격 단어장 시리즈> 입니다. N1 에서 N5 까지 5 권으로 편집하였습니다.

JLPT 에 자주 출제되고 일상생활에도 도움이 되는 단어를 주제별로 정리하여 각 상황에 알맞은 이미지로 익힐 수 있도록 하였습니다. 학습 순서는 흥미가 있는 주제부터 시작하여도 좋습니다.

표제 단어와 예문에 한국어로 된 번역문이 있으므로 의미도 쉽게 파악할 수 있습니다. 표제 단어에 품사를 제시하고 동의어, 반의어, 관련어, 유의어도 제시하고 있습니다. 또한 칼럼에서 언급하는 단어도 학습에 유익할 것입니다.

▶ 모의시험으로 실력 확인

각 레벨의 책에는 JLPT 의 어휘 문제에 대한 모의 문제가 웹사이트에 게재되어 있습니다. 온라인 방식으로 컴퓨터나 스마트폰에서 문제를 풀고 점수도 확인이 가능합니다. PDF 파일로도 제공되며 출력하여 사용할 수 있습니다. 각 장의 항목 (주제) 별로 문제가 제시되어 있으므로 해당 주제를 학습하고 바로 테스트를 해 볼 수 있습니다. 스스로 부족한 부분을 체크하여 반복학습으로 성적을 올리시기 바랍니다.

▶ 음성의 활용

모든 레벨의 단어장에는 표제 단어와 예문의 음성 파일이 이 책의 지정된 웹사이트에 게재되어 있습니다. PC 나 스마트폰에서 다운로드하여 들을 수도 있습니다.

예문은 자연스럽고 듣기 편한 속도로 녹음되었습니다. 이로써 청해 파트에 도움이 될 뿐만 아니라 실제 단어 암기에 매우 큰 효과가 있을 것입니다.

▶ 암기용 셀로판지 활용

책에 들어 있는 암기용 셀로판지를 이용하여 표제 단어와 예문의 단어를 가리고 학습할 수 있습니다. 어떤 내용이 들어갈지 생각하면서 학습을 진행할 수 있습니다.

단어의 번호입니다.

이미 알고 있거나 암기하였으면 박스에 체크 표시를 합시다.

단어의 품사입니다.

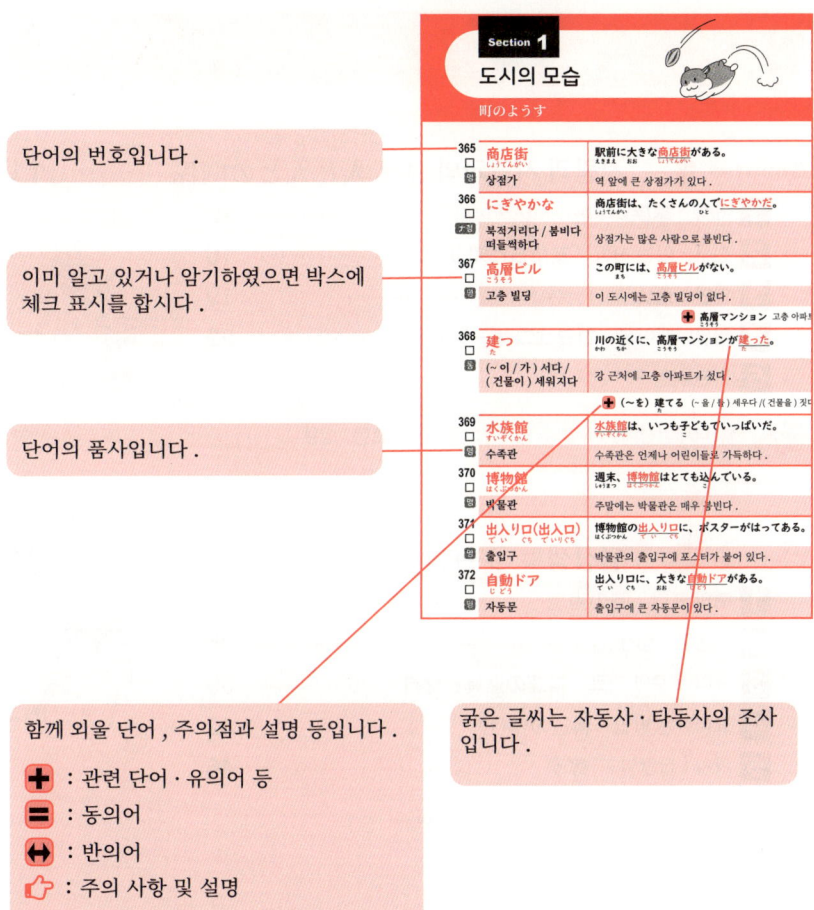

함께 외울 단어, 주의점과 설명 등입니다.

➕ : 관련 단어·유의어 등
＝ : 동의어
↔ : 반의어
👉 : 주의 사항 및 설명

굵은 글씨는 자동사·타동사의 조사입니다.

▶ 이 책에서 사용하는 품사 일람

명 : 명사   동 : 동사   부 : 부사
접속 : 접속사   관 : 관용구
ナ형 : ナ형용사
イ형 : イ형용사
연체 : 연체사 (관형어)

목차

Chapter 1 사람과 사람과의 관계 人と人との関係 ········· 11
1. 가족　家族 ··· 12
2. 친구·아는 사람　友だちと知り合い ······························· 16
3. 연인　恋人 ·· 19
4. 커뮤니케이션　コミュニケーション ································· 22
5. 어떤 사람?　どんな人? ··· 26

💬 커뮤니케이션에 사용할 수 있는 말 ❶ 경어 표현　29

Chapter 2 일상생활 ① 毎日の暮らし① ················· 31
1. 때의 표현　時の表現 ·· 32
2. 식생활　食生活 ·· 35
3. 요리 도구와 재료　料理の道具と材料 ···························· 39
4. 요리하는 방법　料理の作り方 ·· 42
5. 가사(집안일)　家事 ·· 46

💬 커뮤니케이션에 사용할 수 있는 말 ❷ 인사　50

Chapter 3 일상생활 ② 毎日の暮らし② ················· 53
1. 집　家 ··· 54
2. 돈과 은행　お金と銀行 ··· 57
3. 쇼핑　買い物 ··· 60
4. 아침부터 저녁까지　朝から夜まで ································· 64
5. 이런 일도　こんなことも ··· 67

Chapter 4 우리 도시 私たちの町 ······· 71
わたし　まち

1 도시의 모습 町のようす ······· 72
まち

2 거리 산책 町を歩く ······· 76
まち　ある

3 전철과 신칸센 電車と新幹線 ······· 79
でんしゃ　しんかんせん

4 버스 バス ······· 83

5 운전 運転する ······· 86
うんてん

Chapter 5 공부하자! 勉強しよう! ······· 91
べんきょう

1 학교 学校 ······· 92
がっこう

2 공부 勉強 ······· 96
べんきょう

3 일본의 대학 日本の大学 ······· 100
にほん　だいがく

4 시험 試験 ······· 104
しけん

5 더 힘내라! もっとがんばれ! ······· 108

📦 이것도 외우자! ❶ 접속사 111

Chapter 6 일 / 업무 仕事 ······· 113
しごと

1 취업 就職 ······· 114
しゅうしょく

2 회사 会社 ······· 118
かいしゃ

3 상하 관계 上下関係 ······· 121
じょうげ　かんけい

4 어떤 일? どんな仕事? ······· 124
しごと

5 컴퓨터로 パソコンで ······· 127

📦 이것도 외우자! ❷ 직업 130

7

Chapter 7 재미있는 일 楽しいこと 131

1. 여행　旅行 132
2. 스포츠　スポーツ 136
3. 패션　ファッション 140
4. 멋 부림 / 치장 / 꾸미기　おしゃれ 143
5. 취미　趣味 147

Chapter 8 건강을 위해 健康のために 151

1. 몸　体 152
2. 무슨 사인?　何のサイン? 155
3. 증상　症状 158
4. 괜찮아?　大丈夫? 160
5. 병원　病院 163

Chapter 9 자연과 생활 自然と暮らし 167

1. 자연　自然 168
2. 내일의 날씨　明日の天気 171
3. 더운 날과 추운 날　暑い日と寒い日 174
4. 어떻게 바뀔까?　どう変わる? 177
5. 일본의 1년　日本の1年 179

이것도 외우자! ❸ 최~·~적·~화　182

Chapter 10 뉴스로 배우자 ニュースで学ぼう！ ……… 183

1. 매스컴　マスコミ ……………………… 184
2. 사건　事件 ……………………………… 188
3. 조심하자！　気をつけよう！ ………… 191
4. 트러블　トラブル ……………………… 194
5. 데이터　データ ………………………… 197

　이것도 외우자! ❹ 부정 표현　200

Chapter 11 마음을 전하자！気持ちを伝えよう！ ……… 203

1. 성격　性格 ……………………………… 204
2. 기쁜 마음　うれしい気持ち …………… 208
3. 우울한 기분　ブルーな気分 …………… 211
4. 어떤 느낌？　どんな感じ？ …………… 214
5. 복잡한 감정　複雑な気持ち …………… 216

　이것도 외우자! ❺ 관용구　219

Chapter 12 이미지를 전하자！イメージを伝えよう！ · 221

1. 디자인　デザイン ……………………… 222
2. 사람의 이미지　人のイメージ ………… 225
3. 물건의 이미지　物のイメージ ………… 229
4. 우리 사회　私たちの社会 ……………… 232
5. 국제 사회　国際社会 …………………… 235

　이것도 외우자! ❻ 세계의 지역　239

50 음 단어 색인 …………………………………………………………… 240

㈜해외교육사업단 발행 도서

일본유학시험(EJU)
2019년 1회 기출문제
(매년 2회 시험분 발행)

일본유학시험(EJU)
대비 개념서 하이레벨
종합과목 개정 제2판

일본유학시험(EJU)
대비 개념서 하이레벨
이과 물리·화학·생물 개정판

일본유학시험(EJU)
대비 개념서 하이레벨
수학 코스1

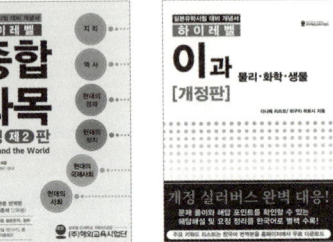

일본유학시험(EJU)
모의시험 10회분
일본어 기술·독해

일본유학시험(EJU)
모의시험 10회분
일본어 청독해·청해

일본유학시험(EJU)
실전문제집(10회분)
일본어 기술·독해 vol.1

일본유학시험(EJU)
실전문제집(10회분)
일본어 청독해·청해 vol.1

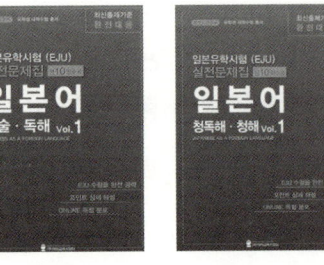

일본유학정보도서
일본대학 학과도감

일본유학정보도서
일본 고등학교 유학가기

일본유학정보도서
일본 유학으로 성공하기

일본유학정보도서
일본 유학 수속 가이드

▶ 판매처 : 교보문고, 영풍문고, 예스24, 알라딘, 인터파크 (각 서점 및 사이트에서 구입 가능)

▶ 해외교육사업단 : 전화 02-552-1010/ 팩스 02-552-1062/ 이메일 hedc@hed.co.kr

발행도서 안내 : www.hedgroup.co.kr

N3 Chapter 1

사람과 사람과의 관계

人と人との関係
ひと ひと かんけい

			단어 No.
1	가족	家族	1 ~ 26
2	친구 · 아는 사람	友だちと知り合い	27 ~ 46
3	연인	恋人	47 ~ 69
4	커뮤니케이션	コミュニケーション	70 ~ 96
5	어떤 사람?	どんな人?	97 ~ 114

Section 1

가족

家族（かぞく）

1	父親 (ちちおや)	父親は今年50歳になる。
명	아버지 / 부친	아버지는 올해 50세가 된다.

2	母親 (ははおや)	母親の料理は、とてもおいしい。
명	어머니 / 모친	어머니의 요리는 매우 맛있다.

3	長女 (ちょうじょ)	私は長女で、妹が一人いる。
명	장녀 / 맏딸	나는 장녀이고 여동생이 한 명 있다.

4	長男 (ちょうなん)	姉に元気な長男が生まれた。
명	장남 / 맏아들	누나 / 언니에게 건강한 장남이 태어났다.

5	次女 (じじょ)	次女は母に似ている。
명	차녀 / 둘째 딸	둘째 딸은 어머니를 닮았다.

= 二女 (じじょ)

6	次男 (じなん)	次男はとても背が高い。
명	차남 / 둘째 아들	차남은 매우 키가 크다.

= 二男 (じなん)

7	三女 (さんじょ)	三女は小学一年生だ。
명	삼녀 / 셋째 딸	셋째 딸은 초등학교 1학년이다.

8	三男 (さんなん)	三男は兄弟の中で一番元気だ。
명	삼남 / 셋째 아들	셋째 아들은 형제 중 가장 활달하다.

Chapter 1

9 末っ子
すえこ
명 막내

彼は5人兄弟の末っ子だ。
かれ　にんきょうだい　すえ こ

그는 5 남매 중 막내다.

👉 한국에서 형제(兄弟)는 남자 형제를 가리키지만 일본에서는 형제·자매(남매) 모두를 가리킨다.

10 一人っ子
ひとりっこ
명 독자
(외아들, 외동딸)

私の友だちには、一人っ子が多い。
わたし　とも　　　　　　ひとり こ　　おお

내 친구 중에는 독자 (외아들, 외동딸) 가 많다.

11 姉妹
しまい
명 자매

私は3人姉妹の末っ子だ。
わたし　にんしまい　すえこ

나는 3 자매 중 막내다.

12 一人娘
ひとりむすめ
명 외동딸

父親は一人娘の結婚式で泣いた。
ちちおや　ひとりむすめ　けっこんしき　な

아버지는 외동딸의 결혼식에서 울었다.

➕ 一人息子 외아들
　　ひとりむすこ

13 親子
おやこ
명 부모와 자식

最近、親子でよく海外旅行をしている。
さいきん　おやこ　　　　かいがいりょこう

최근 부모와 자녀가 함께 자주 해외여행을 하고 있다.

14 夫婦
ふうふ
명 부부

佐藤さん夫婦は、毎日散歩している。
さとう　　　ふうふ　　　まいにちさんぽ

사토 씨 부부는 매일 산책하고 있다.

15 [ご] 夫妻
ふさい
명 부부

部長ご夫妻の家に招待された。
ぶちょう　ふさい　いえ　しょうたい

부장님 부부댁에 초대되었다.

👉 "夫妻"는 "夫婦"보다 딱딱한 표현으로 "田中夫妻"처럼 이름을 붙여 부를 때 사용된다.

16 親類
しんるい
명 친척

田中さんと私は親類だ。
たなか　　　わたし　しんるい

다나카 씨와 나는 친척이다.

🟰 親せき
　　しん

Section 1

17	先祖 せんぞ	うちの先祖に、有名なサムライがいるそうだ。
명	선조	우리 선조 중에 유명한 무사(사무라이)가 있다고 한다.
		➕ 祖先 そせん 조상

18	尊敬〈する〉 そんけい	私は両親をとても尊敬している。
명	존경〈하다〉	나는 부모님을 매우 존경하고 있다.

19	おじ	父とおじは二人兄弟だ。
명	삼촌	아버지와 삼촌은 두 형제이다.
👉 부모님의 남자 형제 모두가 "おじ"에 해당함.(단, 한자로 쓸 경우에는 표기가 다르다.)

20	おば	私は母親よりおばに、いろいろ相談する。
명	고모/이모/ 큰어머니/작은어머니	나는 어머니보다 고모/이모/큰어머니/작은어머니에게 여러 가지 상담을 한다.
👉 부모님의 여자 형제 모두 "おば""에 해당함.(단, 한자로 쓸 경우에는 표기가 다르다.)

21	いとこ	今日、いとこが遊びに来る。
명	사촌	오늘 사촌이 놀러 온다.
👉 남성에게도 여성에게도 사용

22	おい	おいが生まれて、私もおばさんになった。
명	(남자) 조카	조카가 태어나서 나도 고모/이모가 되었다.

23	めい	おいもめいも、とてもかわいい。
명	(여자) 조카/조카딸	조카도 조카딸도 아주 귀엽다.

24	連れる つれる	子どもを連れて、近所の公園に行く。
동	데리고 오다/ 데리고 가다	아이를 데리고 동네 공원에 간다.

Chapter 1

25	似る _に	A「お父さんとお母さん、どちらに似ていますか。」 B「父に似ていると言われます。」
動	닮다 / 비슷하다 / 유사하다	A " 아버지와 어머니 어느 분을 닮았습니까 ? " B " 아버지를 닮았다고 합니다 ."

👉 일반적으로 " 似ている " 의 형태로 사용한다 .

26	そっくりな	妹の顔は、父親にそっくりだ。
ナ形	흡사한 / 흡사하다	여동생의 얼굴은 아버지와 흡사하다 .

Section 2

친구 · 아는 사람

友だちと知り合い（ともだちとしりあい）

27 □ 명	**親友** しんゆう 친구	私には<u>親友</u>が3人います。 나에게 친구가 3명 있습니다.
28 □ 명	**仲間** なかま 동료 / 멤버	彼もサッカーの<u>仲間</u>に入れよう。 그도 축구 멤버에 넣자.

➕ 遊び仲間 놀이 친구・テニス仲間 테니스 친구/동료

29 □ 명	**仲良し** なかよ 사이좋은	クラスメートは、みんな<u>仲良し</u>だ。 클래스 메이트는 모두 사이좋다.
30 □ 명	**幼なじみ** おさな 소꿉 친구	いなかに帰ると、いつも<u>幼なじみ</u>に会う。 시골에 가면 항상 소꿉 친구를 만난다.
31 □ 명	**友情** ゆうじょう 우정	彼との<u>友情</u>をいつまでも大切にしたい。 그와의 우정을 영원히 소중히 하고 싶다.
32 □ イ형	**親しい** した 친한	<u>親しい</u>友だちの結婚式に招待された。 친한 친구의 결혼식에 초대되었다.
33 □ 명	**知人** ちじん 지인	<u>知人</u>の紹介で、彼と知り合った。 지인의 소개로 그와 알게 되었다.

➕ 知り合う 알게 되다

Chapter 1

34	メンバー	A「明日のパーティーの<u>メンバー</u>は、だれですか。」 B「先生と私たちです。」
명	멤버 / 회원	A " 내일 파티 멤버는 누구입니까 ? " B " 선생님과 우리입니다 . "

35	つなぐ	子どもたちは、手を<u>つないで</u>学校に行く。
동	잇다 / 연결하다	아이들은 손에 손을 잡고 학교에 간다 .

36	つながる	夜になっても、電話が<u>つながら</u>ない。
동	연결되다	밤이 되어도 전화가 연결되지 않는다 .

37	当時(とうじ)	彼女はクラスメートだったが、 <u>当時</u>は、あまり話さなかった。
명	당시	그녀는 급우였지만 당시에는 그다지 말을 나누지 않았다 .

38	祝う(いわう)	友だちの婚約を<u>祝う</u>ための会を開いた。
동	축하하다	친구의 결혼을 축하하기 위한 모임을 열었다 .

= お祝いする ＋ [お] 祝い 축하

39	遠慮〈する〉(えんりょ)	<u>遠慮しないで</u>食べてください。
명	사양 < 하다 >	사양하지 마시고 드세요 .

40	しょっちゅう	幼なじみと<u>しょっちゅう</u>食事している。
부	언제나 / 자주 / 빈번히	소꿉 친구와 자주 식사하고 있다 .

41	たびたび	仕事中に、友だちから<u>たびたび</u>メールが来る。
부	번번이 / 자주	업무 중에 친구로부터 자주 메일이 온다 .

17

Section 2

42 たまに	大学の友だちと<u>たまに</u>お酒を飲む。
부 가끔	대학 친구들과 가끔 술을 마신다.
43 たまたま	昨日駅前で、<u>たまたま</u>高校時代の友だちに会った。
부 우연히	어제 역 앞에서 우연히 고교 시절의 친구를 만났다.
44 めったに	東京に来てから、幼なじみと<u>めったに</u>会えない。
부 좀처럼	도쿄에 오고나서 소꿉 친구와 좀처럼 만날 수 없다.
45 しばらく	幼なじみと<u>しばらく</u>会っていない。
부 잠시 / 당분간 / 얼마 동안	소꿉 친구와 한 동안 만나지 않았다.
46 別々〈な〉 べつべつ	親友とは<u>別々</u>の大学に進んだ。(名) これは<u>別々</u>に入れてください。(ナ形)
명 / ナ형 따로따로 / 제각기	친구와 나는 다른 대학에 진학했다. 이것은 따로따로 넣어 주세요.

Section 3

연인

恋人（こいびと）

---

47 彼女 (かのじょ)

彼女ができたので、毎日が楽しい。

명 여자친구 / 그녀

여자 친구가 생겨서 하루하루가 즐겁다.

👍 "彼女"는 여성을 가리키는 의미도 있다.

48 彼 (かれ)

両親は、彼をあまり好きじゃないようだ。

명 남자 친구 / 그

부모는 남자 친구를 별로 좋아하지 않는 것 같다.

= 彼氏 (かれし)

👍 "彼"는 남성을 가리키는 의미도 있지만 "彼氏"는 연인의 의미뿐.

49 愛情 (あいじょう)

やさしい人だとわかり、友情が愛情に変わった。

명 연정 / 사랑 / 애정

자상한 사람이라고 알게 되자 우정이 사랑으로 바뀌었다.

50 出会い (であ)

それはドラマのような出会いだった。

명 만남

그것은 드라마 같은 만남이었다.

51 出会う (であ)

アメリカに旅行したとき、彼女に出会った。

동 만나다

미국에 여행했을 때 그녀를 만났다.

52 付き合う (つあ)

①二人は半年前から付き合っている。
②これから友だちの買い物に付き合う。

동 교제하다 / 행동을 같이하다

① 두 사람은 반년 전부터 교제하고 있다.
② 지금부터 친구의 쇼핑에 동행한다.

➕ 付き合い (つあ) 교제

👍 ① 교제하다 ② 다른 사람이 뭔가를 할 때 함께 한다

Section 3

53 交際〈する〉 こうさい
명 교제 < 하다 >

彼女の両親が、二人の交際に反対している。
그녀의 부모님이 두 사람의 교제를 반대하고 있다.

54 記念〈する〉 きねん
명 기념 < 하다 >

彼女の卒業を記念して、写真を撮った。
그녀의 졸업 기념으로 사진을 찍었다.

55 記念日 きねんび
명 기념일

明日は結婚記念日だ。
내일은 결혼기념일이다.

56 けんか〈する〉
명 싸움 < 하다 >

私たちは、よくけんかする。
우리는 자주 싸움을 한다.

➕ 口げんか〈する〉 くち 말싸움 < 하다 >

57 言い返す いかえ
동 말대꾸를 하다

彼は注意されると、すぐ言い返す。
그는 주의를 받으면 바로 말대꾸를 한다.

58 謝る あやま
동 사과하다

私が怒ると、彼はすぐに謝る。
내가 화를 내면 그는 곧 사과한다.

59 仲直り〈する〉 なかなお
명 화해 < 하다 >

3日前にけんかして、まだ仲直りしていない。
3일 전에 싸우고 아직 화해하지 않았다.

60 連れて行く つ い
동 데려가다

両親の家に彼女を連れて行きたい。
부모의 집에 그녀를 데려가고 싶다.

61 連れて来る つ く
동 데려오다

兄が彼女を家に連れて来た。
형 / 오빠가 여자 친구를 집으로 데려왔다.

62 秘密 ひみつ
명 비밀

彼は私の秘密を、みんなに話した。
그는 나의 비밀을 모두에게 말했다.

Chapter 1

63	**内緒** ないしょ	この話は、ぜったいに内緒にしてね。
名	비밀	이 이야기는 절대로 비밀로 해 줘.

64	**好かれる** す	彼女は、みんなに好かれる人だ。
動	사랑받다	그녀는 모두에게 사랑받는 사람이다.

65	**もてる**	どうして彼が女性にもてるのか、わからない。
動	인기가 있다	왜 그가 여자에게 인기가 있는지 모르겠어요.

66	**(人を) ふる** ひと	弟は彼女にふられて、元気がない。
動	(사람을) 거절하다	남동생은 여자 친구에게 거절당하여 풀이 죽어 있다.

67	**[お]見合い〈する〉** みあ	姉はお見合いの前に、美容院へ行った。
名	맞선 < 보다 >	누나 / 언니는 맞선 전에 미용실에 갔다.

➕ 見合い結婚 중매 결혼
　　みあ　けっこん

68	**恋愛〈する〉** れんあい	今は恋愛より、いい友だちがほしい。
名	연애 < 하다 >	지금은 연애보다 좋은 친구를 원한다.

➕ 恋愛結婚 연애 결혼
　　れんあいけっこん

69	**存在〈する〉** そんざい	恋人は、ぼくにとって大切な存在だ。
名	존재 < 하다 >	연인은 나에게는 소중한 존재다.

Section 4

커뮤니케이션

コミュニケーション

70	**相手** あいて	自分のことだけでなく、<u>相手</u>のことも考えよう。 じぶん　　　　　　　　　　あいて　　　　　かんが
명	상대	자신만 생각하지 말고 상대방도 생각하자.

71	**助ける** たす	駅で困っている人を<u>助けた</u>。 えき　こま　　　　ひと　たす
동	돕다	역에서 곤란해 하는 사람을 도왔다.

72	**助かる** たす	友だちがレポートをチェックしてくれたので、 とも <u>助かった</u>。 たす
동	살아나다 / 목숨을 건지다 / 도움이 되다	친구가 보고서를 체크해 주어서 도움이 됐다.

73	**支える** ささ	国の両親が、いつも私を<u>支えて</u>くれる。 くに　りょうしん　　　　　　わたし　ささ
동	떠받다 / 지원하다 / 지지하다	고향의 부모가 항상 나를 지원해 준다.

74	**誘う** さそ	見たい映画があるので、友だちを<u>誘った</u>。 み　えいが　　　　　　　とも　　さそ
동	권(유)하다 / 꾀다 / 유혹하다	보고 싶은 영화가 있어 친구에게 권유했다.

➕ **誘い** 권유 / 꾐 / 유혹
さそ

75	**待ち合わせる** ま　あ	駅前のカフェで、友だちと<u>待ち合わせた</u>。 えきまえ　　　　　とも　　　ま　あ
동	만날 약속을 하다	역 앞 카페에서 친구와 만날 약속을 했다.

➕ **待ち合わせ** 약속
ま　あ

76	**交換〈する〉** こうかん	仕事の相手と、メールアドレスを<u>交換した</u>。 しごと　あいて　　　　　　　　　　　こうかん
명	교환 < 하다 >	업무 상대와 이메일 주소를 교환했다.

Chapter 1

77 명	交流 〈する〉 こうりゅう 교류 < 하다 >	いろいろな国の人たちと交流したい。 여러 나라 사람들과 교류하고 싶다.
78 동	断る ことわ 거절하다	兄の友だちにデートに誘われたが、断った。 형 / 오빠 친구에게 데이트 신청을 받았지만 거절했다.
79 동	預ける あず 맡기다	旅行の間、友だちにペットを預けた。 여행하는 동안 친구에게 애완 동물을 맡겼다.
80 동	預かる あず 맡다	友だちの旅行の間、彼女のペットを預かった。 친구가 여행하는 동안 그녀의 애완 동물을 맡았다.
81 동	かわいがる 귀여워 하다	彼女は、みんなからかわいがられている。 그녀는 모두에게 귀여움을 받는다.
82 동	甘やかす あま 응석을 받아 주다	両親は弟を甘やかしている。 부모님은 동생의 응석을 받아 주고 있다.
83 동	ついて来る く 따라오다	散歩にいつも妹がついて来る。 산책에 항상 여동생이 따라온다.

↔ ついて行く

84 동	抱く だ 안다 / 껴안다	かわいい赤ちゃんを抱いた。 귀여운 아기를 안았다.
85 동	話しかける はな 말을 건내다 / 걸다	兄は、赤ちゃんに話しかけた。 형 / 오빠는 아기에게 말을 걸었다.
86 명	無視 〈する〉 むし 무시 < 하다 >	知り合いに話しかけたのに、無視された。 아는 사람에게 말을 걸었는데 무시당했다.

Section 4

87	振り向く (ふりむく)	後ろから名前を呼ばれて、振り向いた。
동	뒤돌아보다	뒤에서 내 이름을 불러서 뒤돌아보았다.

88	いただく	部長に日本のお酒をいただいた。
동	받다	부장님한테 일본의 술을 받았다.

👉 "～ていただく"는 윗사람한테 뭔가 해 받을 때 쓴다.

89	くださる	社長の奥様が、お菓子をくださった。
동	주시다	사장님 사모님께서 과자를 주셨다.

👉 "～てくださる"는 윗사람이 뭔가를 해 주었을 때 사용한다.

90	差し上げる (さあげる)	先生に国のお土産を差し上げた。
동	드리다	선생님께 고향의 토산품을 드렸다.

👉 "～て差し上げる"는 윗사람에게 무언가를 할 때 사용한다.

91	やる	買ったばかりのバッグを妹にやった。
동	주다	막 구입한 가방을 여동생에게 주었다.

👉 "～てやる"는 아랫사람 혹은 동식물에게 무언가를 해 줄 때 사용한다. 그러나 최근에는 "～てあげる"을 사용하는 경우가 많다.

92	与える (あたえる)	彼女は、私たちに元気を与えてくれる人だ。
동	부여하다 / 주다	그녀는 우리에게 힘을 주는 사람이다.

93	味方〈する〉(みかた)	私はいつも、あなたの味方です。
명	편들다	난 항상 당신 편입니다.

94	悪口 (わるぐち)	人の悪口を言うのは、やめよう。
명	욕설 / 험담	남의 험담을 하는 것은 그만두자.

Chapter 1

95	我々 (われわれ)	これが<u>我々</u>の意見です。
명	우리	이것이 우리의 의견입니다.

➕ **私たち** 우리

👉 " 我々 " 는 딱딱한 표현. 연설 등에 사용한다.

96	まね〈する〉	人の<u>まね</u>ではなく、自分の考えを持とう。
명	흉내 < 내다 >	남의 흉내가 아니라 자기 생각을 갖자.

Section 5

어떤 사람?

どんな人？

97 名字（みょうじ）
명 성
彼の名字は、とても珍しい。
그의 성은 매우 드물다.

98 性別（せいべつ）
명 성별
名前を書いて、性別に○をしてください。
이름을 쓰고 성별에 ○를 하십시오.

➕ **男性**（だんせい） 남성 · **女性**（じょせい） 여성

99 年齢（ねんれい）
명 연령 / 나이
女性に年齢を聞いてはいけない。
여성에게 나이를 물으면 안 된다.

100 高齢（こうれい）
명 고령
日本には、高齢で元気な人が多い。
일본에는 고령이지만 건강한 사람이 많다.

➕ **高齢者**（こうれいしゃ） 고령자 · **高齢化**（こうれいか） 고령화 · **[お]年寄り**（としより） 나이드신 분

101 老人（ろうじん）
명 노인
ボウリングは、老人も好きなスポーツだ。
볼링은 노인도 좋아하는 스포츠이다.

102 幼児（ようじ）
명 유아 / 어린아이
この教室では、幼児が英語を勉強している。
이 교실에서는 유아가 영어를 공부하고 있다.

➕ **乳児**（にゅうじ） 젖먹이 아이 · **児童**（じどう） 아동

103 出身（しゅっしん）
명 출신
彼はタイのバンコク出身だ。
그는 태국의 방콕 출신이다.

➕ **出身地**（しゅっしんち） 출신지 · **出身大学**（しゅっしんだいがく） 출신 대학

Chapter 1

104 生まれ（う）
名 출생 / 태생

私は大阪生まれだ。
나는 오사카 태생이다.

➕ 生まれる 태어나다

105 育ち（そだ）
名 성장

私は大阪生まれ、東京育ちだ。
나는 오사카 태생이고 도쿄에서 성장했다.

➕ 育つ 성장하다

106 行儀（ぎょうぎ）
名 행동거지 / 예의범절

あの子は、とても行儀がいい。
저 아이는 매우 예의범절이 좋다.

107 マナー
名 매너

彼はタバコのマナーを知らない。
그는 담배에 관한 매너를 모른다.

＝ 礼儀（れいぎ）

108 個人（こじん）
名 개인

個人のデータは、あまり教えないほうがいい。
개인의 데이터는 그다지 알리지 않는 것이 좋다.

➕ 個人的な 개인적인 · 個人情報 개인 정보

109 アドレス
名 주소 / 어드레스

アドレスは名刺に書いてある。
어드레스는 명함에 적혀 있다.

＝ メールアドレス

👍 거주하고 있는 곳은 일반적으로 "住所"를 사용한다.

110 本人（ほんにん）
名 본인

あなたが本人か、確認させてください。
당신이 본인인지 확인하겠습니다.

111 独身（どくしん）
名 독신 / 싱글

彼は独身だが、結婚したいと言っていた。
그는 독신이지만 결혼하고 싶다고 말했다.

➕ 既婚（きこん） 기혼

Section 5

112	**主婦** しゅふ	姉は<u>主婦</u>だが、仕事もしている。
명	주부	누나 / 언니는 주부지만 일도 하고 있다.

➕ **専業主婦** 전업 주부
せんぎょうしゅふ

113	**フリーター**	弟は大学を卒業してからずっと<u>フリーター</u>だ。
명	프리터	동생은 대학을 졸업하고 나서 계속 프리터다.

114	**無職** むしょく	今は<u>無職</u>だが、来月から働く。
명	무직	지금은 무직이지만 다음 달부터 일을 한다.

Chapter 1

커뮤니케이션에 사용할 수 있는 말 ❶

 경어표현

▶ 정중어　丁寧語

• です→でございます　あります→ございます
こちらが喫煙室でございます。
여기가 흡연실입니다.

このバッグには、黒と赤がございます。
이 가방은 검은 것과 빨간 것이 있습니다.

• お(ご)＋名
お金　お酒　お茶　お給料　돈 술 차 급료
☞ "お名前" "ご住所" 등, 다른 사람에 대해 "お(ご)+명사"는 존경 표현.

▶ 존경어　尊敬語

• お(ご)～になる
A「田中部長は何時にお戻りになりますか。」
B「3時ごろの予定です。」
A "다나카 부장님은 몇 시에 돌아오십니까?"
B "3시쯤의 예정입니다."

• お(ご)～ください
こちらで少々お待ちください。
이곳에서 잠시만 기다려 주십시오.

事務所でのタバコはご遠慮ください。
사무실에서 담배는 삼가해 주십시오.

• ～(ら)れる
A「田中部長は何時に戻られますか。」
B「3時ごろの予定です。」
A "다나카 부장님은 몇 시에 돌아오십니까?"
B "3시쯤의 예정입니다."
☞ 수동형과 같은 형태

Section 5

▶ 겸양어 謙譲語(けんじょうご)

• お(ご)〜する

明日の2時にお待ちしています。
내일 2시에 기다리고 있겠습니다.

よかったら、東京をご案内します。
괜찮다면 도쿄를 안내하겠습니다.

👍 다른 사람을 위한 일에만 사용

• 〜させていただく

今日は早退させていただけませんか。
오늘 조퇴하게 해 주십시오.

▶ 특별한 경어 特別な敬語(とくべつなけいご)

	존경어 (尊敬語)	겸양어 (謙譲語)
言う	おっしゃる	申す (申し上げる=特定の人に)
する	なさる	いたす
いる	いらっしゃる・おいでになる	おる
行く	いらっしゃる・おいでになる	うかがう・まいる
来る	いらっしゃる・おいでになる	まいる
食べる	召し上がる	いただく
見る	ご覧になる	拝見する
見せる		お目にかける
会う		お目にかかる
知っている	ご存じだ (⇔ご存じじゃない)	存じている (⇔存じない)

▶ 「私」は「わたし」?「わたくし」?

"私"는 "나"? "저"?

👍 "わたし"는 "わたくし"보다 허물없는 말투. 문어와 공식적인 장소에서 사용할 수 있다.

N3 Chapter 2

일상생활 ①

毎日の暮らし ①
まいにち く

			단어 No.
1	때의 표현	時の表現 とき ひょうげん	115 ～ 132
2	식생활	食生活 しょくせいかつ	133 ～ 159
3	요리 도구와 재료	料理の道具と材料 りょうり どうぐ ざいりょう	160 ～ 181
4	요리하는 방법	料理の作り方 りょうり つく かた	182 ～ 211
5	가사	家事 かじ	212 ～ 244

Section 1

때의 표현

時の表現（ときのひょうげん）

115	**本日**（ほんじつ） 명 오늘	**本日**はお忙しいところ、ありがとうございます。 오늘은 바쁘신 중에 감사합니다.

= 今日（きょう）

116	**明日**（あす） 명 내일	**明日**の3時に、そちらにうかがいます。 내일 3시에 그 쪽을 방문하겠습니다.

117	**前日**（ぜんじつ） 명 전날	会議の**前日**に準備をする。 회의 전날에 준비를 한다.

118	**翌日**（よくじつ） 명 다음날	誕生日の**翌日**に、韓国に出張した。 생일 다음날 한국에 출장을 갔다.

➕ 翌週（よくしゅう） 다음 주・翌月（よくげつ） 다음 달・翌年（よくとし/ねん） 이듬해

119	**しあさって** 명 글피	私の誕生日は、**しあさって**だ。 내 생일은 글피다.

120	**先おととい**（さき） 명 그끄저께	**先おととい**、高校のクラス会があった。 그끄저께 고등학교 반창회가 있었다.

121	**昨日**（さくじつ） 명 어제	**昨日**は、いろいろとお世話になりました。 어제는 여러가지 신세를 졌습니다.

➕ おととい／一昨日（いっさくじつ） 그제 / 그저께

122	**昨年**（さくねん） 명 작년	**昨年**の5月に日本にまいりました。 작년 5월에 일본에 갔(었)습니다/왔(었)습니다.

➕ おととし／一昨年（いっさくねん） 재작년

123	**先日** せんじつ	A「先日は、どうもありがとうございました。」 B「こちらこそ、どうも。」
명	일전	A " 일전에는 정말 감사했습니다 . " B " 저야말로 정말 ."

124	**再来週** さらいしゅう	再来週は仕事が忙しくなりそうだ。
명	다다음 주	다다음 주는 일이 바빠질 것 같다 .

➕ **再来月** 다음다음 달 · **再来年** 다음다음 해

125	**先々週** せんせんしゅう	先々週の試験が、今日やっと返ってきた。
명	지지난 주	지지난 주 시험이 오늘 겨우 돌아왔다 .

➕ **先々月** 지지난 달

126	**上旬** じょうじゅん	来月の上旬、タイに旅行に行きます。
명	상순	다음 달 상순 태국 여행을 갑니다 .

➕ **初旬** 초순

127	**中旬** ちゅうじゅん	今月の中旬までにレポートを出してください。
명	중순	이달 중순까지 보고서를 내주세요 .

128	**下旬** げじゅん	毎月下旬になると、給料が楽しみだ。
명	하순	매월 하순이 되면 월급이 기대된다 .

129	**深夜** しんや	深夜になると、大きな声が聞こえる。
명	심야	심야가 되면 큰 소리가 들린다 .

🟰 **真夜中** まよなか ➕ **深夜番組** 심야 프로그램

130	**未来** みらい	子どもたちの明るい未来を考えよう。
명	미래	아이들의 밝은 미래를 생각하자 .

➕ **将来** 장래

☞ " 将来 " 는 가까운 미래의 일로 개인적인 일에 사용하지만 , " 未来 " 는 지구나 세계 등 넓은 의미에서 사용한다 .

Section 1

131 数日 (すうじつ)
명 며칠

土曜日から数日は、天気が悪いそうだ。
토요일부터 며칠은 날씨가 나쁘다고 한다.

➕ **数か月** 몇 달 · **数年** 몇 년 · **数回** 몇 번

👉 확실한 숫자를 모르거나 말하지 않지만 "그다지 많지 않은 수"를 의미한다.

132 以降 (いこう)
명 이후

大地震以降、水を買っておくようになった。
대지진 이후 물을 사두게 되었다.

➕ **以後** 이후 · **以来** 이래 · **以前** 이전

Section 2

식생활

食生活（しょくせいかつ）

133	朝食（ちょうしょく） 명 아침 식사	忙しくても、朝食は食べたほうがいい。 바빠도 아침 식사는 먹는 편이 좋다.

≡ 朝（あさ）ごはん

134	モーニング 명 모닝	あの店のモーニングセットは、安くておいしい。 그 가게의 모닝세트는 저렴하고 맛있다.

135	昼食（ちゅうしょく） 명 점심 식사	忙しいので、昼食はいつもサンドイッチです。 바빠서 점심 식사는 항상 샌드위치입니다.

≡ [お] 昼（ひる）ごはん

136	ランチ 명 점심	ここのランチメニューは、おいしそうだ。 여기의 점심 메뉴는 맛있을 것 같다.

137	夕食（ゆうしょく） 명 저녁 식사	今日の夕食は、ちょっと遅くなりそうだ。 오늘 저녁 식사는 조금 늦어질 것 같다.

≡ 晩（ばん）ごはん

138	ディナー 명 디너 (저녁 만찬)	昨日のディナーは高級レストランで食べた。 어제 디너는 고급 레스토랑에서 먹었다.

👉 "ディナー"를 사용하는 경우, 고급 음식이라는 이미지가 있다.

139	デザート 명 디저트	おなかがいっぱいだが、デザートは食べられる。 배가 부르지만 디저트는 먹을 수 있다.

Section 2

140 おやつ
명 간식

もうすぐ3時、おやつの時間ですよ。
조금 있으면 3시, 간식 시간이에요.

141 おかず
명 반찬

毎日のおかずを考えるのは大変だ。
매일 반찬을 생각하는 것은 힘들다.

142 [お]弁当
べんとう
명 도시락

毎日、会社に弁当を持って行く。
매일 회사에 도시락을 가지고 간다.

143 自炊〈する〉
じすい
명 자취〈하다〉

日本に来てから、自炊を始めた。
일본에 온 이후 자취를 시작했다.

144 外食〈する〉
がいしょく
명 외식〈하다〉

週末は外食することがある。
주말은 외식하는 경우가 있다.

145 グルメ
명 구르메/미식가/식통

彼はグルメで、いろいろな店を知っている。
그는 미식가로 다양한 음식점을 알고 있다.

146 おごる
동 한턱내다/사주다/대접하다

ボーナスをもらったので、妹にディナーをおごった。
보너스를 받아서 여동생에게 저녁을 한턱냈다.

= ごちそうする + おごり 한턱을 냄

147 食欲
しょくよく
명 식욕

最近、あまり食欲がない。
최근 그다지 식욕이 없다.

148 注文〈する〉
ちゅうもん
명 주문〈하다〉

先に飲み物を注文しましょう。
먼저 마실 것을 주문하자.

Chapter 2

149	乾杯〈する〉 かんぱい	ワインで乾杯しましょう。
명	건배 < 하다 >	와인으로 건배합시다.

150	かむ	食事のときは、よくかみましょう。
동	깨물다 / 씹다	식사 때는 잘 씹어서 먹읍시다.

151	味わう あじ	おいしい料理は、よく味わって食べよう。
동	맛보다	맛있는 음식은 잘 맛보면서 먹자.

152	お代わり〈する〉 か	みそ汁がおいしくて、お代わりした。
명	하나 더 주문 < 하다 >	된장국이 맛있어서 하나 더 주문했다.

153	残す のこ	ごはんが多すぎて、少し残した。
동	남기다	밥이 너무 많아서 조금 남겼다.

154	残り物 のこ もの	今日の残り物は、明日食べよう。
명	남은 음식	오늘 남은 음식은 내일 먹자.

155	もったいない	食べ物を残すなんて、もったいない。
イ형	아깝다	음식을 남기다니 아깝다.

156	済ませる す	今日の昼ごはんはコンビニ弁当で済ませた。
동	마치다 / 끝내다 / 때우다	오늘 점심은 편의점 도시락으로 때웠다.

= 済ます

157	済む す	①もう晩ごはんの準備は済んだ。 ②弁当を作れば、安く済む。
동	끝나다 / 해결되다	① 이미 저녁밥 준비는 끝났다. ② 도시락을 만들면 싸게 해결된다.

👍 ① 끝나다 ② 해결되다, 잘 되다

Section 2

158 名	量 りょう 양	この店のスパゲッティは、量が少ない。 이 음식점의 스파게티는 양이 적다.
159 名	バランス 균형	食事は、肉と野菜のバランスが大切だ。 식사는 고기와 야채의 균형이 중요하다.

Section 3

요리 도구와 재료

料理の道具と材料 (りょうりのどうぐとざいりょう)

160	**なべ**	スーパーで、大きな<u>なべ</u>を買った。
명	냄비	슈퍼에서 큰 냄비를 샀다.

161	**フライパン**	<u>フライパン</u>で、オムレツを作った。
명	프라이팬	프라이팬으로 오믈렛을 만들었다.

162	**包丁** ほうちょう	私の家には<u>包丁</u>が1本しかない。
명	부엌칼	우리 집에는 부엌칼이 1자루 밖에 없다.

163	**まな板** いた	うちの<u>まな板</u>は、木でできている。
명	도마	우리 집 도마는 나무로 되어 있다.

164	**おたま**	<u>おたま</u>でカレーを、よく混ぜてください。
명	국자	국자로 카레를 잘 섞어 주세요.

165	**しゃもじ**	この<u>しゃもじ</u>は、ごはんがつきにくい。
명	주걱	이 주걱은 밥알이 잘 붙지 않는다.

166	**大さじ** おお	まず、砂糖を<u>大さじ</u>2杯入れてください。
명	큰 숟가락 / 큰 스푼	먼저 설탕을 큰 스푼으로 두 스푼 넣어 주세요.

➕ **小さじ** 작은 숟가락 / 작은 스푼 • **カップ** 컵

167	**炊飯器** すいはんき	<u>炊飯器</u>で、ごはんを炊く。
명	전기밥솥	전기밥솥으로 밥을 짓는다.

➕ **炊く** 밥을 짓다

Section 3

168 流し台(ながしだい)
명 싱크대
この流し台は石でできている。
이 싱크대는 돌로 되어 있다.

169 電子レンジ(でんし)
명 전자레인지
電子レンジの「チン」という音が聞こえた。
전자레인지의 "찡" 하는 소리가 들렸다.

170 ガスレンジ
명 가스레인지
ガスレンジから変な臭いがする。
가스레인지에서 이상한 냄새가 난다.

171 調味料(ちょうみりょう)
명 조미료
台所に調味料が、たくさんある。
부엌에 조미료가 많다.

➕ こしょう 후추・酢(す) 식초

172 サラダ油(あぶら)
명 식용유
サラダ油を買って来るのを忘れた。
식용유를 사 오는 것을 잊었다.

＝ サラダオイル

173 食品(しょくひん)
명 식품
食品は近所のスーパーで買う。
식품은 근처 슈퍼에서 산다.

＝ 食料品(しょくりょうひん) ➕ インスタント食品(しょくひん) 인스턴트 식품・レトルト食品(しょくひん) 레토르트 식품

174 切らす(き)
동 바닥내다 / 다 쓰다 / 헐떡이다
しょうゆを切らしたので、コンビニに買いに行った。
간장을 다 사용해서 편의점에 사러 갔다.

➕ (〜が)切(き)れる (〜이) 바닥나다 / 떨어지다

175 くさる
동 썩다 / 부패하다
冷蔵庫の牛乳が、くさっていた。
냉장고의 우유가 썩어 있었다.

Chapter 2

176	アルミホイル	アルミホイルで包んで、魚を焼く。
명	알루미늄 포일	알루미늄 포일로 싸서 생선을 굽는다.
177	ラップ〈する〉	残ったものはラップして、冷蔵庫に入れておく。
명	랩 < 하다 >	남은 것은 랩을 해서 냉장고에 넣어 둔다.
178	おしぼり	かにを食べるときは、おしぼりが必要だ。
명	물수건	게를 먹을 때는 물수건이 필요하다.
179	食器	クリスマスの料理に合う食器を選ぶ。
명	식기 / 그릇	크리스마스 요리에 맞는 그릇을 고른다.
180	茶わん	一人暮らしのために、新しい茶わんを買った。
명	그릇 / 찻잔	독신 생활을 위해 새 그릇을 샀다.

➕ **湯のみ** 찻잔

👉 "**湯のみ**"는 차를 마실 때 사용한다. "**茶わん**"은 밥, 차 등 다양한 그릇의 의미.

181	グラス	ビールを飲むグラスは、どれがいいですか。
명	유리컵	맥주를 마시는 유리컵은 어느 것이 좋습니까?

Section 4

요리하는 방법

料理の作り方（りょうりのつくりかた）

182	**刻む**（きざ）	野菜を細かく刻みます。
動	잘게 썰다	야채를 잘게 썹니다.
183	**(卵を) 割る**（たまご・わ）	卵を３つ、割ってください。
動	(계란) 깨다	계란 3개를 깨 주십시오.
184	**むく**	じゃがいもの皮をむいたら、小さく切ります。
動	(껍질 따위를) 벗기다	감자 껍질을 벗겼으면 작은 크기로 자릅니다.
185	**加える**（くわ）	なべに水を 200 ミリリットル加えます。
動	보태다 / 더하다 / 추가하다 / 넣다	냄비에 물을 200 밀리리터 넣습니다.
186	**少々**（しょうしょう）	塩とこしょうを少々入れます。
副	조금	소금과 후추를 조금 넣습니다.
187	**揚げる**（あ）	180 度の油で、しっかり揚げます。（ひゃくはちじゅう ど・あぶら）
動	튀기다	180도의 기름으로 충분히 튀깁니다.
188	**煮る**（に）	なべにふたをして、30 分煮てください。（さんじゅっぷん・に）
動	삶다 / 끓이다 / 조리다	냄비에 뚜껑을 덮고 30분 졸여 주세요.
189	**ゆでる**	お湯に塩を入れて、ゆでます。（ゆ・しお・い）
動	삶다 / 데치다	끓는 물에 소금을 넣고 삶습니다.
190	**蒸す**（む）	電子レンジで、野菜を蒸します。（でんし・やさい・む）
動	찌다	전자레인지로 야채를 찝니다.

Chapter 2

191 동	くるむ 감싸다	さくらの葉で、材料をくるみます。 벚나무 잎으로 재료를 감쌉니다.

➕ 包む 포장하다

192 동	にぎる 쥐다 / 주먹밥을 만들다	ごはんに梅干しを入れて、にぎります。 밥에 매실장아찌를 넣어 주먹밥을 만듭니다.

➕ おにぎり 주먹밥・おむすび 주먹밥

193 동	熱する ねっ 가열하다 / 뜨겁게 하다	フライパンで、5分くらい熱してください。 프라이팬으로 5분 정도 가열해 주세요.

= 加熱する
　かねつ

194 동	こげる 타다 / 눋다	焼きすぎて、魚がこげてしまいました。 너무 구워서 생선이 타 버렸습니다.

195 동	取り出す と　だ 꺼내다	電子レンジから、温めた野菜を取り出します。 전자레인지에서 따뜻하게 한 야채를 꺼냅니다.

196 동	塗る ぬ 바르다	パンにバターを塗ります。 빵에 버터를 바릅니다.

197 동	温める あたた 따뜻하게 하다	これは、このままでも温めても、おいしいです。 이것은 이대로도 따뜻하게 해도 맛있습니다.

198 동	冷やす ひ 식히다 / 차게 하다 / 냉각하다	この料理は冷やしても、おいしいです。 이 요리는 차게 해도 맛있습니다.

Section 4

199 ぬるい (イ형) — 미지근하다
ぬるいコーヒーは、おいしくないです。
미지근한 커피는 맛이 없습니다.

200 水分（すいぶん）(명) — 수분
この野菜は水分が多いですね。
이 야채는 수분이 많네요.

201 沸かす（わかす）(동) — 끓이다
そこのやかんで、お湯を沸かしてください。
거기에 있는 주전자로 물을 끓여 주세요.

➕ (～が) 沸く（わく） (~이) 끓다

202 注ぐ（そそぐ）(동) — 붓다 / 따르다
お湯をカップに注ぎ、3分待ちます。
뜨거운 물을 컵에 붓고 3분 기다립니다.

203 味見〈する〉（あじみ）(명) — 맛을 보다 / 간을 보다
途中でちょっと味見をしてみましょう。
도중에 조금 맛을 봅시다.

204 手間（てま）(명) — (일을 하는데 드는) 수고 / 시간 / 노력
この料理は手間がかかりません。
이 요리는 수고 / 시간이 들지 않습니다.

205 手軽な（てがる）(ナ형) — 간편한
家でも手軽にレストランの料理が作れます。
집에서도 간편하게 레스토랑 요리를 만들 수 있습니다.

206 でき上がり（あ）(명) — 완성
これで、料理のでき上がりです。
이것으로 요리의 완성입니다.

➕ でき上がる 다 되다 / 다 만들어지다 / 완성하다

207 分ける（わける）(동) — 나누다
この料理は、二人で分けて食べましょう。
이 요리는 둘이서 나누어 먹읍시다.

208 つまむ	それは、はしでつまんで食べてください。
동 집다	그것은 젓가락으로 집어 드세요.

209 塩辛い _{しおから}	これは、ちょっと塩辛いですね。
イ형 짜다	이것은 조금 짜네요.

= しょっぱい

210 すっぱい	私は、すっぱいりんごが好きです。
イ형 맛이 시다 / 시큼하다	나는 시큼한 사과를 좋아합니다.

211 冷凍〈する〉 _{れいとう}	料理が残ったら、冷凍しておきましょう。
명 냉동 < 하다 >	음식이 남으면 냉동해 둡시다.

➕ 冷凍食品 냉동식품

Section 5

가사

家事（かじ）

212	ちらかる	弟の部屋に、おもちゃがちらかっている。
동	어지러지다 / 흩어지다 / 널리다	남동생 방에 장난감이 어지러져 있다.

➕ （〜を）ちらかす （〜을） 어지르다 / 흩뜨리다

213	片づける	母親「今すぐ部屋を片づけなさい。」 子ども「ゲームが終わったら、やるよ。」
동	정리하다 / 치우다	어머니 " 지금 즉시 방을 치워라." 아이 " 게임이 끝나면 할게요."

➕ （〜が）片づく （〜을） 정돈되다 / 정리되다 ・ 片づけ 정리

214	清潔な	家の中は、いつも清潔にしておきたい。
ナ형	깨끗한 / 청결한	집 안은 항상 청결히 하고 싶다.

↔ 不潔な

215	掃く	毎日、家の前を掃いている。
동	(비로) 쓸다 / 비질하다	매일 집 앞을 쓸고 있다.

216	ほうき	ほうきで玄関を掃く。
명	빗자루	빗자루로 현관을 쓸다.

217	ちりとり	掃いたごみを、ちりとりに集める。
명	쓰레받기	쓸어 모은 쓰레기를 쓰레받기에 모은다.

218	掃除機	うちの掃除機は、音がとても静かだ。
명	(진공) 청소기	우리집 청소기는 소리가 아주 조용하다.

Chapter 2

219 동	ふく 닦다	食事前に、テーブルをきれいにふく。 식사 전에 테이블을 깨끗이 닦는다.
220 명	ぞうきん 걸레	古いタオルでぞうきんを作った。 오래된 수건으로 걸레를 만들었다.
221 명	バケツ 양동이	もう少し大きなバケツは、ありませんか。 좀 더 큰 양동이는 없습니까?
222 동	しぼる (물기가 빠지게) 짜다	ぞうきんを、よくしぼってください。 걸레를 잘 짜십시오.
223 동	こぼす 흘리다 / 엎지르다	バケツの水をこぼしてしまった。 양동이의 물을 엎질러 버렸다.

➕ (〜が)こぼれる (〜이) 넘쳐 흐르다 / 흘러내리다

224 명	洗剤(せんざい) 세제	お風呂の掃除には、どんな洗剤がいいですか。 욕실 청소에는 어떤 세제가 좋습니까?
225 명	かび 곰팡이	お風呂のかびを取る。 욕실의 곰팡이를 제거한다.
226 명	ほこり 먼지	窓を開けると、部屋にほこりが入る。 창문을 열면 방에 먼지가 들어온다.
227 동	みがく 닦다	かがみを、きれいにみがく。 거울을 깨끗이 닦는다.
228 명	ブラシ 브러쉬	ブラシで、お風呂を洗う。 브러쉬로 목욕탕을 닦는다.

Section 5

229	あわ	この石けんは、あわがよく出る。
명	거품	이 비누는 거품이 잘 난다.
230	臭う(にお)	バケツの中の生ごみが臭う。
동	냄새나다	양동이 안의 음식물 쓰레기가 냄새난다.

➕ 臭い(にお) 냄새・匂い(にお) 냄새・匂う(にお) 냄새나다

☞ "臭う"는 일반적으로 불쾌한 냄새, "匂う"는 불쾌하지 않은 냄새에 사용한다.

231	洗濯物(せんたくもの)	毎日、洗濯物が多い。
명	빨래	매일 빨래가 많다.
232	汚れ(よご)	この洗剤は、汚れがよく落ちる。
명	얼룩 / 더러움 / 더러워진 곳	이 세제는 얼룩이 잘 빠진다.

➕ 汚れる(よご) 더러워지다 / 때묻다

233	干す(ほ)	天気がいいので、洗濯物を外に干そう。
동	말리다 / 널다	날씨가 좋으니까 빨래를 밖에 말리자.
234	乾燥〈する〉(かんそう)	厚いバスタオルは、乾燥機で乾燥させる。
명	건조〈하다〉	두꺼운 목욕 타월은 건조기로 건조시킨다.

➕ 乾燥機(かんそうき) 건조기

235	たたむ	息子は自分で洗濯物をたたむ。
동	접다 / 개다 / 개키다	아들은 스스로 빨래를 갠다.
236	アイロン	娘はアイロンをかけるのが上手だ。
명	다리미	딸은 다리미질을 잘한다.
237	敷く(し)	たたみの部屋に、ふとんを敷いて寝ている。
동	깔다	다다미 방에 이불을 깔고 자고 있다.

238	育児(いくじ)	働きながら育児をするのは大変だ。
명	육아	일하면서 육아를 하는 것은 힘들다.

= 子育て(こそだて)

239	(人を)起こす(ひと・お)	毎朝6時に、子どもを起こす。
동	(사람을) 깨우다 / 일으키다	매일 아침 6시에 아이를 깨운다.

240	糸(いと)	黒い糸でボタンをつけた。
명	실	검은 실로 단추를 달았다.

241	針(はり)	針に糸を通すのは、とても難しい。
명	바늘	바늘에 실을 꿰는 것은 매우 어렵다.

242	生ごみ(なま)	夏は、生ごみがすぐに臭う。
명	음식물 쓰레기	여름에는 음식물 쓰레기가 바로 냄새난다.

➕ 燃えるごみ 가연 쓰레기 / 타는 쓰레기 ・ 燃えないごみ 불연 쓰레기 / 타지 않는 쓰레기

243	空き缶(あかん)	水曜日は、空き缶を捨てる日だ。
명	빈 깡통	수요일은 빈 깡통을 버리는 날이다.

➕ 空きびん 빈병

244	(ごみを)出す(だ)	決められた日に、ごみを出す。
동	(쓰레기를) 버리다 / 내놓다	정해진 날에 쓰레기를 내놓는다.

커뮤니케이션에 사용할 수 있는 말 ❷

 인사

▶ 회사에서 업무 중에 동료와　会社で仕事中に同僚と

A「お疲れさまです。」
B「お疲れさまです。」
　　A : " 수고하십니다 ."
　　B : " 수고하십니다 ."

▶ 일을 끝내고 돌아갈 때　仕事が終わって帰るとき

A「お疲れさまでした。」
B「お先に失礼します。」
　　A : " 수고하셨습니다 ."
　　B : " 먼저 실례하겠습니다 ."

▶ 아랫 사람이나 외부의 사람에게 한마디　目下や外部の人へのひとこと

A「宅配便です。」
B「ご苦労さまです。」
　　A : " 택배입니다 ."
　　B : " 수고하십니다 ."

☞ " ご苦労さま (です) " 는 윗사람에는 사용할 수 없다 .

▶ 오랫동안 만나지 못했던 사람에게　長い間会わなかった人に

A「ご無沙汰しています。」
B「本当にお久しぶりですね。」
　　A : " 오랫동안 연락 못 드렸습니다 ."
　　B : " 정말 오랜만이네요 ."

▶ 지인의 집에 초대되어　知り合いの家に招待されて

A 「コーヒーと紅茶、どちらがいいですか。」
B 「おかまいなく。」
　A : " 커피와 홍차 어느 쪽이 좋습니까 ?"
　B : " 아무거나 괜찮습니다 ."

A 「遠慮なさらないでください。」
B 「じゃ、遠慮なく。コーヒーをお願いします。」
　A : " 사양하시지 마십시오 ."
　B : " 그럼 , 사양치 않고 커피를 부탁드리겠습니다 ."

▶ 연말　年末

A 「今年もお世話になりました。よいお年を。」
B 「こちらこそお世話になりました。Aさんもよいお年を。」
　A : " 올해도 신세를 졌습니다 . 좋은 새해를 맞이하세요 ."
　B : " 저야말로 신세를 졌습니다 . A 씨도 좋은 새해를 맞이하세요 ."

▶ 연시　年始

A 「明けましておめでとうございます。今年もよろしくお願いします。」
B 「明けましておめでとうございます。こちらこそ、よろしくお願いします。」
　A : " 새해 복 많이 받으세요 . 올해도 잘 부탁합니다 ."
　B : " 새해 복 많이 받으세요 . 저야말로 잘 부탁합니다 ."

N3
Chapter
3

일상생활②

毎日の暮らし②
まいにち く

			단어 No.
1	집	家 いえ	245 ~ 268
2	돈과 은행	お金と銀行 かね ぎんこう	269 ~ 294
3	쇼핑	買い物 か もの	295 ~ 319
4	아침부터 저녁까지	朝から夜まで あさ よる	320 ~ 344
5	이런 일도	こんなことも	345 ~ 364

Section 1

집

家（いえ）

245	**住まい**（す）	インターネットで、<u>住まい</u>を探す。
명	주거 / 집	인터넷으로 집을 찾는다.

246	**リビング**	<u>リビング</u>が広いので、この部屋に決めた。
명	리빙룸 / 거실	거실이 넓기 때문에 이 집으로 결정했다.

247	**居間**（いま）	家族みんなで、<u>居間</u>でテレビを見る。
명	거실	가족 모두가 거실에서 텔레비전을 본다.

248	**家電**（かでん）	引っ越したとき、新しい<u>家電</u>を買った。
명	가전제품	이사 때 새 가전제품을 샀다.

249	**エアコン**	この<u>エアコン</u>は電気代が安い。
명	에어컨	이 에어컨은 전기 요금이 싸다.

➕ **暖房**（だんぼう） 난방・**ヒーター** 히터

250	**クーラー**	私の国は暑いので、<u>クーラー</u>しかない。
명	쿨러	우리나라는 덥기 때문에 (에어컨에) 쿨러 기능밖에 없다.

➕ **冷房**（れいぼう） 냉방

👉 " エアコン " 은 난방과 냉방 양쪽 기능이 있고, " クーラー " 는 냉방 기능뿐.

251	**暖める**（あたた）	寒いので、ヒーターで<u>暖めた</u>。
동	따뜻하게 하다	춥기 때문에 히터로 따뜻하게 했다.

252	**天井**（てんじょう）	このマンションは、<u>天井</u>が高い。
명	천장	이 아파트는 천장이 높다.

253 名	床(ゆか)	リビングの床には、何も敷いていない。
	바닥	거실 바닥에는 아무것도 깔지 않았다.
254 名	カーペット	たたみの上に、カーペットを敷いている。
	카펫	다다미 위에 카펫을 깔았다.

= じゅうたん

255 名	ざぶとん	お客さんのためのざぶとんを買いに行く。
	방석	손님을 위한 방석을 사러 간다.
256 名	ソファー	テレビを見るときは、ソファーに座る。
	소파	텔레비전을 볼 때는 소파에 앉는다.
257 名	クッション	ソファーに合うクッションを買った。
	쿠션	소파에 맞는 쿠션을 샀다.
258 動	どかす	その車をどかしてください。
	치우다 / 퇴거시키다	그 차를 치워 주세요.

➕ (〜が) どく (〜이) 옮겨지다

259 名	コンセント	この部屋はコンセントが多くて、便利だ。
	콘센트	이 방은 콘센트가 많아 편리하다.
260 名	スイッチ	暗くて、スイッチがどこかわからない。
	스위치	어두워서 스위치가 어디 있는지 모르겠다.
261 名	ドライヤー	ドライヤーは小さいほうがいい。
	헤어드라이어	헤어드라이어는 작은 것이 좋다.
262 名	蛇口(じゃぐち)	お風呂に蛇口が二つ、ついている。
	수도꼭지	목욕탕에 수도꼭지가 두 개 붙어 있다.

Section 1

263	ひねる	右の蛇口をひねると、お湯が出てくる。
동	틀다 / 비틀다	오른쪽 수도꼭지를 틀면 뜨거운 물이 나온다.
264	実家 じっか	週末は実家に帰る。
명	친정집	주말은 친정집에 돌아간다.
265	家賃 やちん	私のマンションは家賃が高い。
명	집세	내 아파트는 집세가 비싸다.
266	物置 ものおき	物置にスキーの道具を入れている。
명	창고	창고에 스키 도구를 넣어 두었다.
267	日当たり ひあ	広くて、日当たりのいい部屋に住みたい。
명	양지	넓고 양지 바른 집에서 살고 싶다.
268	内側 うちがわ	この家は古いが、内側はきれいだ。
명	내부	이 집은 오래됐지만 내부는 깨끗하다.

↔ 外側 そとがわ ＋ 内部 ないぶ 내부

Section 2

돈과 은행

お金と銀行（おかねとぎんこう）

269	[お] 札 (さつ)	日本のお札は、千円から一万円まである。
명	지폐	일본의 지폐는 천엔에서 만엔까지 있다.

＝ 紙へい(し)

270	コイン	海外のコインを集めるのが好きだ。
명	동전	외국 동전을 모으는 것을 좋아한다.

＝ 硬貨(こうか)

271	小銭 (こぜに)	財布に小銭がない。
명	동전	지갑에 동전이 없다.

272	生活費 (せいかつひ)	日本は生活費が高い。
명	생활비	일본은 생활비가 비싸다.

273	食費 (しょくひ)	1か月の食費は2万円ぐらいだ。
명	식비	한 달 식비는 2만엔 정도다.

274	光熱費 (こうねつひ)	日本は光熱費が高い。
명	광열비	일본은 광열비가 비싸다.

275	交際費 (こうさいひ)	友だちとよく飲みに行くので、交際費がかかる。
명	교제비	친구들과 자주 술을 마시러 가기 때문에 교제비가 든다.

276	公共料金 (こうきょうりょうきん)	この国は公共料金が安い。
명	공공요금	이 나라는 공공요금이 싸다.

Section 2

277 [お]こづかい (名)
1か月の<u>こづかい</u>は3万円だ。
용돈
한 달 용돈은 3만엔이다.

278 節約〈する〉 (名)
旅行のために<u>節約して</u>いる。
절약 < 하다 >
여행을 위해 절약하고 있다.

279 ぜいたく〈な/する〉 (名/ナ形)
今はまだ学生なので、<u>ぜいたく</u>はできない。(名)
<u>ぜいたくな</u>生活に、あまり興味がない。(ナ形)
사치 < 스런 / 하다 >
지금은 아직 학생이기 때문에 사치는 할 수 없다.
사치스런 생활에 그다지 관심이 없다.

280 割り勘 (名)
今日は<u>割り勘</u>にしよう。
더치 페이(각자 부담)
오늘은 각자 부담으로 하자.

281 レンタル〈する〉 (名)
結婚式のドレスは、<u>レンタル</u>にした。
대여 < 하다 >
웨딩 드레스는 대여했다.

➕ レンタルビデオ 렌털 비디오

282 支払う (動)
コンビニで、公共料金を<u>支払う</u>ことができる。
지불하다
편의점에서 공공요금을 낼 수 있다.

283 支払い (名)
公共料金の<u>支払い</u>を忘れていた。
지불
공공요금 내는 것을 잊고 있었다.

284 勘定〈する〉 (名)
客「お<u>勘定</u>は、どこでしますか。」
店員「レジでお願いします。」
대금 계산 < 하다 >
고객 " 계산은 어디서 합니까?"
점원 " 계산대에서 부탁합니다."

285 口座 (名)
初めて自分の<u>口座</u>を開いた。
계좌
처음으로 내 계좌를 열었다.

🟰 銀行口座

286 名	キャッシュカード	銀行から<u>キャッシュカード</u>が届いた。
	현금 카드	은행에서 현금카드가 도착했다.

287 名	暗証番号 あんしょうばんごう	カードの<u>暗証番号</u>を忘れてしまった。
	비밀번호	카드의 비밀번호를 잊어버렸다.

288 名	預金〈する〉 よきん	銀行に100万円<u>預金した</u>。
	예금 < 하다 >	은행에 100 만엔 예금했다.

➕ 貯金〈する〉 저금 < 하다 > ・ 預金通帳 예금 통장 ・ 貯金通帳 저금통장

289 動	ためる	会社員になったら、お金を<u>ためる</u>つもりだ。
	모으다	회사원이 되면 돈을 모을 계획이다.

290 動	たまる	節約しても、なかなかお金が<u>たまら</u>ない。
	모이다	절약해도 좀처럼 돈이 모이지 않는다.

291 動	引き出す ひ だ	大きな買い物をするので、お金を<u>引き出した</u>。
	인출하다	큰 쇼핑을 하기 때문에 돈을 인출했다.

＝ (お金を) 下ろす

292 動	振り込む ふ こ	銀行で、公共料金を<u>振り込んだ</u>。
	입금하다	은행에서 공과금을 입금했다.

➕ 振り込み 입금

293 名	送金〈する〉 そうきん	今月も、国の両親に<u>送金した</u>。
	송금 < 하다 >	이번달에도 고향에 계신 부모에게 송금했다.

294 名	通帳記入 つうちょうきにゅう	<u>通帳記入</u>のために、銀行に寄った。
	통장 기재	통장 기재를 위해 은행에 들렀다.

Section 3

쇼핑

買い物（かいもの）

| 295 | **品物**
しなもの
명 물건 | 駅前のデパートは、高い<u>品物</u>が多い。
역 앞의 백화점은 비싼 물건이 많다. |

| 296 | **現金**
げんきん
명 현금 | 買い物は、いつも<u>現金</u>で払う。
쇼핑은 언제나 현금으로 지불한다. |

| 297 | **クレジットカード**
명 신용 카드 | この<u>クレジットカード</u>は、とても便利だ。
이 신용카드는 매우 편리하다. |

👍 실제로 쇼핑할 때는 "**카드**"라고만 말하는 경우가 많다.

| 298 | **1回払い**
いっかいばらい
명 일시불 | カードの支払いは、<u>1回払い</u>だ。
카드 결제는 일시불이다. |

➕ ボーナス払い 보너스 지불

| 299 | **合計〈する〉**
ごうけい
명 합계〈하다〉 | 先月のカードの支払いは、<u>合計</u>10万円になった。
지난달 카드 결제는 합계 10만엔이었다. |

| 300 | **代金**
だいきん
명 대금 | 品物は<u>代金</u>を払って、3日以内に届く。
물건은 대금을 지불하고 3일 이내에 도착한다. |

| 301 | **税込**
ぜいこみ
명 세금 포함 | この値段は<u>税込</u>ですか。
이 가격은 세금이 포함입니까? |

↔ 税別（ぜいべつ）　➕ 税金（ぜいきん） 세금

| 302 | **請求書**
せいきゅうしょ
명 청구서 | 電話料金の<u>請求書</u>が届いた。
전화요금 청구서가 도착했다. |

Chapter 3

303	**領収書** りょうしゅうしょ	買い物をするときは、領収書をもらう。
명	영수증	쇼핑을 할 때는 영수증을 받는다.

304	**売り切れ** う き	ほしかったバッグは、売り切れだった。
명	매진	갖고 싶었던 가방은 매진이었다.

➕ **売り切れる** 매진되다

305	**品切れ** しな ぎ	店の人に、Mサイズは品切れだと言われた。
명	품절	점원이 M 사이즈는 품절이라고 말했다.

👉 "売り切れ"는 그 점포에 상품이 다 팔려서 없는 것. "品切れ"는 해당 제품의 재고가 없는 것.

306	**日替わり** ひ が	この店は、日替わりでセールをしている。
명	매일 바뀜	이 가게는 매일 다른 상품으로 세일을 하고 있다.

307	**割引** わりびき	あのパン屋は、水曜日に10パーセント割引をしている。
명	할인	그 빵집은 수요일에 10% 할인을 하고 있다.

➕ **割り引く** 할인하다 ・ **割引券** 할인권 ・ **学生割引** 학생 할인

308	**半額** はんがく	5万円のコートが半額で買えた。
명	반값	5만엔짜리 코트를 반값에 살 수 있었다.

➕ **半額セール** 반액 세일

309	**特売日** とくばい び	今日はスーパーの特売日だ。
명	특별 판매일	오늘은 슈퍼마켓의 특별판매일이다.

➕ **特売品** 특별 판매품

310	**たった**	有名ブランドのバッグがたった3万円だった。
부	단/다만/겨우/오직	유명 브랜드 가방이 단 3만엔이었다.

➕ **ただ** 단지

Section 3

311 得〈な〉(とく)
〖名〗〖ナ形〗 이익인 / 득을 본 / 이익이다 / 득을 보다

バーゲンに行って、得をした。(名)
바겐세일에 가서 득을 보았다.

➕ 得する 이익이다 / 득을 보다

312 損〈な〉(そん)
〖名〗〖ナ形〗 손해인 / 손해를 본 / 손해를 보다

バーゲンに行けなくて、損をした。(名)
바겐세일에 가지 못해서 손해를 보았다.

➕ 損する 손해를 보다

313 おまけ〈する〉
〖名〗 (값을) 깎아 주다

お店の人が、りんごをおまけしてくれた。
가게 사람이 사과를 싸게 해 주었다.

➕ おまけ 덤

314 むだ〈な〉
〖名〗〖ナ形〗 쓸데없음 / 헛됨 / 효과나 효력이 없음

そんなものを買って、お金のむだだ。(名)
むだな物は買わないようにしている。(ナ形)
그런 물건을 사다니 돈 낭비이다.
쓸데없는 물건은 사지 않도록 하고 있다.

315 むだづかい〈する〉
〖名〗 낭비〈하다〉

ボーナスをむだづかいしてしまった。
보너스를 낭비해 버렸다.

316 寄る(よる)
〖동〗 들르다

帰りにデパートに寄って、買い物をした。
돌아 오는 길에 백화점에 들러 쇼핑을 했다.

317 ついでに
〖부〗 (…하는) 김에

郵便局に行った。ついでに、コンビニに寄った。
우체국에 갔다. 간 김에 편의점에 들렀다.

318 レジ袋(ぶくろ)
〖名〗 비닐 봉지

あのスーパーでは、レジ袋が3円です。
그 슈퍼에서는 비닐 봉지가 3엔입니다.

Chapter 3

319 **定休日**
ていきゅうび

명 **정기휴일**

本日は定休日のため、休ませていただきます。
ほんじつ　ていきゅうび　　　　　　やす

오늘은 정기휴일이기 때문에 쉬겠습니다.

Section 4
아침부터 저녁까지
朝から夜まで（あさからよるまで）

320	覚ます（さます）	夜中の3時に目を覚ました。
동	눈뜨다 / 깨다	밤 3시에 눈을 떴다.
321	覚める（さめる）	毎朝、7時に目が覚める。
동	눈이 뜨이다 / 잠이 깨다	매일 아침 7시에 잠이 깬다.
322	(夜が) 明ける（よ・あ）	ゲームをしていたら、夜が明けてしまった。
동	(밤이) 새다	게임을 하다보면 날이 새고 말았다.
323	支度〈する〉（したく）	起きたら、急いで朝ごはんを食べて、支度する。
명	채비 / 준비 < 하다 >	일어나면 서둘러 아침밥을 먹고 (출근) 준비를 한다.
324	合わせる（あ）	ごはんのとき、手を合わせて「いただきます」と言う。
동	맞추다 / 합치다	밥을 먹을 때 손을 모아 "잘 먹겠습니다"라고 말한다.
325	しまう	午前中に、冬のふとんを干して、しまう。
동	넣다 / 보관하다	오전 중에 겨울 이불을 말려 보관한다.
326	(ひげを) そる	夫はひげをそるのに、時間がかかる。
동	(수염을) 깎다	남편은 수염을 깎는데 시간이 걸린다.
327	(髪を) とかす（かみ）	朝、3分くらいで髪をとかす。
동	(머리를) 빗질하다	아침에 3분 정도로 머리를 빗질한다.

Section 4　　　　　　　　　　　　　　　　　　Chapter 3

328	そろえる	持っていくものをそろえて、バッグに入れる。
동	갖추다	가지고 갈 것을 갖춰서 가방에 넣는다.

➕ (～が) そろう (~이) 갖춰지다

329	昼寝〈する〉 ひるね	会社で15分だけ、昼寝している。 かいしゃ　　ふん　　　ひるね
명	낮잠 < 자다 >	회사에서 15분만 낮잠을 잔다.

330	腰かける こし	いすに腰かけて、少し休もう。 こし　　　すこ　やす
동	걸터 앉는다	의자에 걸터 앉아 조금 쉬자.

331	暮れる く	もう少しで日が暮れる。 すこ　　ひ　く
동	저물다	머지 않아 날이 저문다.

➕ 年の暮れ 연말 (한 해가 끝날 무렵)

332	おしゃべり〈する〉	家族とおしゃべりする時間を大切にしている。 かぞく　　　　　　　じかん　たいせつ
명	이야기 < 하다 >/ 수다 떨다	가족과 이야기하는 시간을 소중히 하고 있다.

333	リラックス〈する〉	家に帰って、リビングでリラックスする。 いえ　かえ
명	휴식을 취하다	집에 돌아와서 거실에서 휴식을 취한다.

334	ふだん	ふだんは家で食事をする。 いえ　しょくじ
명	보통 / 평소	평소에는 집에서 식사를 한다.

335	ふだん着 ぎ	ふだん着のまま、ソファーで寝てしまった。 ぎ　　　　　　　　　　　ね
명	평상복	평상복 그대로 소파에서 자버렸다.

336	相変わらず あいか	息子は相変わらずゲームをしている。 むすこ　あいか
부	여전히 / 변함없이	아들은 여전히 게임을 하고 있다.

Section 4

337	たいてい	たいてい、1時(じ)ごろ寝(ね)る。
부	대강 / 대개 / 대부분	대개 1 시쯤 잔다.

338	夜(よ)ふかし〈する〉	週末(しゅうまつ)は、ちょっと夜(よ)ふかししてしまう。
명	밤샘 < 하다 >/ 밤늦게까지 자지 않음	주말에는 조금 밤샘을 하게 된다.

339	電源(でんげん)	夜(よる)、パソコンの電源(でんげん)を切(き)る。
명	전원	밤에는 컴퓨터의 전원을 끈다.

340	充電(じゅうでん)〈する〉	寝(ね)る前(まえ)に、スマートフォンを充電(じゅうでん)しておく。
명	충전 < 하다 >	자기 전에 스마트 폰을 충전해 둔다.

341	セット〈する〉	目覚(めざ)ましを7時(じ)にセットした。
명	조절 < 하다 >/ 맞추다 / 세트 < 하다 >	시계 알람을 7 시에 맞췄다.

342	なでる	ペットの犬(いぬ)をなでて、「おやすみ」と言(い)った。
동	쓰다듬다	애완견을 쓰다듬으면서 " 잘 자 " 라고 말했다.

343	ぐっすり［と］	今日(きょう)もぐっすり寝(ね)られそうだ。
부	푹	오늘도 푹 잘 수 있을 것 같다.

344	運(うん)	今日(きょう)は、運(うん)がいい一日(いちにち)だった。
명	운	오늘은 운이 좋은 하루였다.

Section 5 이런 일도
こんなことも

345	**日常** にちじょう 명 일상	日常の生活を楽しみたい。 일상생활을 즐기고 싶다.

➕ 日常生活 일상생활 · 日常会話 일상 회화

346	**常に** つねに 부 항상	常に、家族の健康を考えている。 항상 가족 건강을 생각하고 있다.
347	**出迎え** でむかえ 명 마중	空港へ国の友だちの出迎えに行く。 공항에 고향 친구 마중을 하러 간다.
348	**出迎える** でむかえる 동 마중하다	バス停で友だちを出迎えた。 버스 정류장에서 친구를 마중했다.
349	**見送り** みおくり 명 배웅	空港へ家族を見送りに行く。 공항에 가족을 배웅하러 간다.
350	**見送る** みおくる 동 배웅하다	泣きながら家族を見送った。 울면서 가족을 배웅했다.
351	**郵送〈する〉** ゆうそう 명 우송<하다>	母に誕生日プレゼントを郵送した。 어머니께 생일 선물을 우송했다.
352	**小包** こづつみ 명 소포	小包にセーターを入れた。 소포에 스웨터를 넣었다.

Section 4

353	送料 そうりょう	荷物を送るとき、送料がかかる。
명	(배)송료	짐을 보낼 때 배송료가 든다.

354	あて先 さき	あて先を間違えないように書いた。
명	수신인 / 수신인 주소	수신인 주소를 틀리지 않도록 썼다.

355	あて名 な	あて名に母の名前を書いた。
명	수신인명	수신인명에 어머니 이름을 썼다.

356	差出人 さしだしにん	ここに差出人の住所を書いてください。
명	발신인 / 발송인	여기에 발신인 주소를 써 주세요.

357	とりあえず	大学に合格したので、とりあえず母に知らせた。
부	먼저 / 일단 / 우선	대학에 합격해서 먼저 어머니에게 알렸다.

358	出前 でまえ	今日は疲れたので、すしの出前にしよう。
명	(음식) 배달	오늘은 피곤하니까 초밥 배달을 시키자.

= デリバリー

👉 스시와 소바 등 일본 요리의 배달을 '**出前**'라고 표현하는 경우가 많다.

359	ほどく	玄関で、くつのひもをほどいた。
동	풀다	현관에서 신발 끈을 풀었다.

↔ 結ぶ
 むす

360	留守番電話 るすばんでんわ	留守番電話に母の声が入っていた。
명	자동응답전화	자동응답전화에 어머니 목소리가 들어 있었다.

361	よく	両親や兄弟と、よく電話で話している。
부	잘 / 자주	부모님이나 형제와 자주 전화하고 있다.

Section 5　　　　　　　　　　　　　　　　　　　Chapter 3

362	早め〈な〉 はや	飛行機のチケットを早めに予約しておく。（ナ形） ひこうき　　　　　　　はや　　よやく
명 ナ형	일찌감치 / 조금 일찍	비행기 티켓을 일찌감치 예약해 둔다.

↔ 遅め〈な〉
　おそ

363	リサイクル〈する〉	洋服も家具もリサイクルできる。 ようふく　かぐ
명	재활용 < 하다 >	옷도 가구도 재활용할 수 있다.

= 再利用〈する〉
　さいりよう

364	どける	その自転車をどけてください。 じてんしゃ
동	치우다	그 자전거를 치워 주십시오.

N3
Chapter 4

우리 도시

私たちの町
わたし　　　まち

			단어 No.
1	도시의 모습	町のようす まち	365 ~ 396
2	거리 산책	町を歩く まち　ある	397 ~ 414
3	전철과 신칸센	電車と新幹線 でんしゃ　しんかんせん	415 ~ 444
4	버스	バス	445 ~ 467
5	운전하다	運転する うんてん	468 ~ 496

Section 1

도시의 모습
町のようす

365	商店街 しょうてんがい	駅前に大きな商店街がある。
명	상점가	역 앞에 큰 상점가가 있다.

366	にぎやかな	商店街は、たくさんの人でにぎやかだ。
ナ형	북적거리다 / 붐비다 떠들썩하다	상점가는 많은 사람으로 붐빈다.

367	高層ビル こうそう	この町には、高層ビルがない。
명	고층 빌딩	이 도시에는 고층 빌딩이 없다.

➕ 高層マンション こうそう 고층 아파트

368	建つ た	川の近くに、高層マンションが建った。
동	(~이/가) 서다 / (건물이) 세워지다	강 근처에 고층 아파트가 섰다.

➕ (〜を)建てる た (~을/를) 세우다 /(건물을) 짓다

369	水族館 すいぞくかん	水族館は、いつも子どもでいっぱいだ。
명	수족관	수족관은 언제나 어린이들로 가득하다.

370	博物館 はくぶつかん	週末、博物館はとても込んでいる。
명	박물관	주말에는 박물관은 매우 붐빈다.

371	出入り口(出入口) でいぐち でいりぐち	博物館の出入り口に、ポスターがはってある。
명	출입구	박물관 출입구에 포스터가 붙어 있다.

372	自動ドア じどう	出入り口に、大きな自動ドアがある。
명	자동문	출입구에 큰 자동문이 있다.

Chapter 4

373	入館料 にゅうかんりょう	入館料は 400 円です。
名	입장료	입장료는 400 엔입니다.

374	混雑〈する〉 こんざつ	週末は、どこも混雑している。
名	혼잡<하다>	주말에는 어디도 혼잡하다.

375	行列 ぎょうれつ	人気の店の前に、長い行列ができている。
名	행렬	인기 있는 가게 앞에 긴 행렬이 생겼다.

376	休館日 きゅうかんび	この博物館の休館日は、月曜日だ。
名	휴관일	이 박물관의 휴관일은 월요일이다.

377	ホール	市のホールで、よくコンサートが開かれる。
名	홀	시의 홀에서 자주 콘서트가 열린다.

378	使用料 しようりょう	このホールの使用料は、3時間1万円だ。
名	사용료	이 홀 사용료는 3시간에 1만엔이다.

379	無料 むりょう	駅前で無料の化粧品をもらった。
名	무료	역 앞에서 무료 화장품을 받았다.
		= タダ (대화에 자주 사용한다) ↔ 有料 ゆうりょう

380	老人ホーム ろうじん	公園の近くに、老人ホームができるそうだ。
名	양로원	공원 근처에 양로원이 생긴다고 한다.

381	目印 めじるし	A「そちらの近くに、何か目印がありますか。」 B「そうですね。赤い橋があります。」
名	표시 / 표적	A "그쪽 근처에 뭔가 표시가 있습니까?" B "글쎄요. 빨간 다리가 있습니다."

Section 1

382	歩道橋 ほどうきょう	歩道橋に上ると、町がよく見える。
名	육교	육교에 오르면 거리가 잘 보인다.

383	タワー	スカイツリーは、日本で一番高いタワーだ。
名	타워	스카이트리는 일본에서 가장 높은 타워이다.

➕ 東京タワー 도쿄 타워・スカイツリー 스카이트리

384	ライト	あのタワーは夜7時になると、ライトがつく。
名	라이트 / 조명	저 타워는 저녁 7시가 되면 조명이 켜진다.

➕ ライトアップ 라이트 업

385	居酒屋 いざかや	この町には、たくさん居酒屋がある。
名	주점 / 선술집	이 도시에는 많은 주점이 있다.

386	八百屋 やおや	野菜や果物は八百屋で買う。
名	야채 가게	야채와 과일은 야채 가게에서 산다.

387	正面 しょうめん	パン屋の正面に、小さな本屋がある。
名	정면	빵집 정면에 작은 서점이 있다.

388	そば	本屋のそばに、おいしいレストランがある。
名	근처	서점 근처에 맛있는 레스토랑이 있다.

389	コンクリート	あのアパートは、コンクリートでできている。
名	콘크리트	저 아파트는 콘크리트로 되어 있다.

390	地方 ちほう	この地方には、自然がたくさんある。
名	지방	이 지방에는 자연이 많다.

391	地域 ちいき	この地域には、知り合いが多い。
名	지역	이 지역에는 아는 사람이 많다.

Chapter 4

392	郊外 こうがい	いつか郊外に、庭のある家を建てたい。
명	교외	언젠가 교외에 정원이 있는 집을 짓고 싶다.
393	中心 ちゅうしん	広場の中心に、きれいな花が咲いている。
명	중심	광장 중심에 예쁜 꽃이 피어 있다.

➕ 中央 중앙
ちゅうおう

394	移転〈する〉 いてん	市役所が移転するらしい。
명	이전〈하다〉	시청이 이전하는 것 같다.
395	工事〈する〉 こうじ	3年くらい前から、駅の工事をしている。
명	공사〈하다〉	3년 정도 전부터 역 공사를 하고 있다.
396	空き地 あち	うちの近くの空き地が、駐車場になった。
명	빈터/공터	집 근처 공터가 주차장이 되었다.

Section 2

거리 산책

街を歩く（まちをあるく）

397	**人ごみ** ひと	人ごみの中を歩くと、ちょっと疲れる。
명	인파	인파 속을 걸으면 좀 피곤하다.

398	**都会** とかい	都会には自然が少ない。
명	도시	도시에는 자연이 적다.

399	**ぶらぶら〈する〉**	休みの日は、一人で町をぶらぶらする。
부	어슬렁 거림〈하다〉	쉬는 날은 혼자 거리를 어슬렁 거린다.

400	**うろうろ〈する〉**	最近、知らない人が家の前をうろうろしている。
부	서성이다 / 우왕좌왕〈하다〉	최근 모르는 사람이 집 앞을 서성이고 있다.

401	**通りかかる** とお	通りかかった店に、ちょっと入ってみた。
동	(마침 그곳을) 지나가다	지나가던 길에 가게에 좀 들러 봤다.

402	**通り過ぎる** とお す	スマホを見ていて、学校を通り過ぎてしまった。
동	지나가다 / 지나쳐 버리다	스마트 폰을 보다가 학교를 지나쳐 버렸다.

403	**徒歩** とほ	うちから駅まで、徒歩で15分くらいだ。
명	도보	집에서 역까지 도보로 15분 정도다.

404	**方向** ほうこう	知らない町では、方向がわからない。
명	방향	모르는 동네에서는 방향을 알 수 없다.

Chapter 4

405	遠回り〈する〉 とおまわ	時間があるから、ちょっと遠回りしてみよう。
명	멀리 돌아가다 / 우회 < 하다 >	시간이 있으니까 조금 우회해 보자.

406	近道〈する〉 ちかみち	駅に行くとき、公園を通って近道した。
명	지름길 < 가다 >	역에 갈 때 공원을 통해서 지름길을 갔다.

↔ 回り道〈する〉
　　まわ みち

407	距離 きょり	うちから学校まで、ちょっと距離がある。
명	거리	집에서 학교까지 좀 거리가 있다.

408	追いかける お	女の子が犬を追いかけている。
동	뒤쫓아가다 / 추적하다	여자 아이가 개를 뒤쫓아가고 있다.

409	追いつく お	ちょっと走ったら、すぐに追いついた。
동	따라잡다	조금 달렸더니 바로 따라잡았다.

410	追い越す お こ	前の人がゆっくり歩いていたので、追い越した。
동	추월하다	앞 사람이 천천히 걷고 있어서 추월했다.

411	突き当たり つ あ	この道の突き当たりに病院がある。
명	막다른 곳	이 길의 막다른 곳에 병원이 있다.

➕ 突き当たる　막다른 곳에 이르다
　　つ あ

412	立ち止まる た ど	立ち止まらないで、前に進んでください。
동	멈추어 서다	멈추지 말고 앞으로 나아가 주세요.

413	横切る よこぎ	黒猫が道を横切った。
동	가로지르다 / 횡단하다	검은 고양이가 길을 가로질렀다.

Section 2

414	見(み)かける	駅(えき)で知(し)り合(あ)いを見(み)かけた。
동	언뜻 보다	역에서 지인을 언뜻 보았다.

Section 3

전철과 신칸센

電車と新幹線（でんしゃとしんかんせん）

415	**行き先** い/ゆ さき	急いでいたので、行き先を間違えてしまった。
명	행선지 / 목적지	서두르고 있었기 때문에 행선지를 틀려버렸다.

416	**往復〈する〉** おうふく	会社まで往復4時間かかる。
명	왕복 < 하다 >	회사까지 왕복 4시간 걸린다.

➕ 往復切符 왕복 티켓

417	**片道** かたみち	東京まで新幹線で、片道1万円だ。
명	편도	도쿄까지 신칸센으로 편도 1만 엔이다.

418	**各駅停車** かくえきていしゃ	時間があるときは、各駅停車に乗る。
명	각 역 정차	시간이 있을 때는 각 역 정차 전철을 탄다.

＝ 各停 かくてい

419	**急行** きゅうこう	A駅までお急ぎの方は、次の急行をご利用ください。
명	급행	A역까지 급하신 분들은 다음의 급행을 이용해 주십시오.

➕ 特急 특급・快速 쾌속

420	**始発** しはつ	①この駅の始発電車は、5時半ごろだ。 ②ここは中央線の始発駅だ。
명	시발 (전철/지하철/열차)	① 이 역의 시발 전철은 5시 반 경이다. ② 여기는 중앙선의 시발역이다.

👉 ① 그날 가장 이른 시간의 전철이나 버스 ② 전철이나 버스가 출발하는 기점

Section 3

421	終電 しゅうでん	12時半の終電に間に合わない。
명	마지막 전철 / 막차	12시 반의 막차 시간에 늦는다.

422	終点 しゅうてん	終電で寝てしまって、終点まで行った。
명	종점	막차에서 자 버려서 종점까지 갔다.

423	上り のぼ	もうすぐ上り電車が来る。
명	상행 열차 / 전철 / 지하철	곧 상행 전철이 온다.

➕ **上る** 지방에서 수도로 올라가다

424	下り くだ	下りの電車に乗って、山へ行く。
명	하행열차 / 전철 / 지하철	하행 전철을 타고 산에 간다.

➕ **下る** 수도에서 지방으로 내려가다

425	JR ジェイアール	私はJRを、よく利用する。
명	Japan Railways	나는 JR을 자주 이용한다.

426	私鉄 してつ	この近くに私鉄の駅はない。
명	사철 / 민간 철도 / 민영 철도	이 근처에 민영 철도역은 없다.

427	経由〈する〉 けいゆ	今日は東京駅を経由して、家に帰る。
명	경유〈하다〉	오늘은 도쿄역을 경유해서 집으로 돌아간다.

428	定期券 ていきけん	定期券は割引があるので、得だ。
명	정기권	정기권 할인이 있기 때문에 득이 있다.

429	有効期限 ゆうこうきげん	カードの有効期限は、来月までだ。
명	유효 기간	카드의 유효 기간은 다음 달까지이다.

Chapter 4

430	窓口（まどぐち）	駅の窓口で、旅行の予約ができる。
명	창구	역 창구에서 여행 예약을 할 수 있다.

431	販売〈する〉（はんばい）	窓口で、記念切符を販売している。
명	판매〈하다〉	창구에서 기념 승차권을 판매하고 있다.

➕ **あつかう** 취급하다・**自動販売機**（じどうはんばいき） 자동판매기

432	通路側（つうろがわ）	新幹線では通路側に座る。
명	통로측	신칸센에서는 통로측에 앉는다.

➕ **通路**（つうろ） 통로・**窓側**（まどがわ） 창가

433	改札（かいさつ）	改札を出たところで待ち合わせた。
명	개찰/개찰구	개찰구를 나온 곳에서 만나기로 약속했다.

➕ **改札口**（かいさつぐち） 개찰구・**自動改札**（じどうかいさつ） 자동 개찰

434	指定席（していせき）	旅行の前に、指定席を予約した。
명	지정석	여행 전에 지정석을 예약했다.

➕ **指定**〈する〉（してい） 지정〈하다〉・**自由席**（じゆうせき） 자유석

435	車内アナウンス（しゃない）	車内アナウンスで、携帯電話のルールを説明している。
명	차내 방송	차내 방송에서 휴대 전화의 매너를 설명하고 있다.

436	車掌（しゃしょう）	新幹線の車掌の制服は、かっこいい。
명	차장	신칸센의 차장 유니폼은 근사하다.

437	ホーム	ホームに、たくさんの人が並んでいる。
명	홈	홈에는 많은 사람들이 늘어서 있다.

＝ **プラットホーム**

Section 3

438	線路 (せんろ)	線路には、ぜったいに降りないでください。
	명 선로	선로에는 절대로 내려가지 마십시오.

439	踏切 (ふみきり)	あの踏切は10分くらい開かないことがある。
	명 건널목	그 건널목은 10분 정도 열리지 않을 때가 있다.

440	乗り遅れる (のおく)	道が込んで、新幹線に乗り遅れた。
	동 (차, 배 등을) 놓치다 / (시간이 늦어) 못 타다	길이 막혀서 신칸센을 놓쳤다.

441	乗り換える (のか)	次の駅で、地下鉄に乗り換える。
	동 갈아타다 / 환승하다	다음 역에서 지하철로 갈아탄다.

442	乗り越す (のこ)	乗り越したら、改札でお金を払う。
	동 (하차 역을) 지나치다	하차 역을 지나쳤으면 개찰구에서 돈을 지불한다.

➕ 乗り越し料金 (のこしりょうきん) 승차 추가 요금

443	乗り過ごす (のす)	電車で寝てしまって、乗り過ごした。
	동 (하차역) 지나치다	전철에서 자버려서 하차 역을 지나쳤다.

444	踏む (ふ)	電車の中で、となりの人の足を踏んでしまった。
	동 밟다	전철에서 옆 사람의 발을 밟아 버렸다.

Section 4

버스

バス

445	バス停 <small>てい</small>	私のアパートの近くに、<u>バス停</u>がある。
명	버스 정류장	내 아파트 근처에 버스 정류장이 있다.

= 停留所・バス乗り場

446	乗車口 <small>じょうしゃぐち</small>	<u>乗車口</u>でバス代を払ってください。
명	승차구	승차구에서 버스 요금을 지불하십시오.

↔ 降車口 하차구

447	乗客 <small>じょうきゃく</small>	昼間の<u>乗客</u>は、高齢者が多い。
명	승객	낮 시간의 승객은 고령자가 많다.

448	乗車〈する〉 <small>じょうしゃ</small>	この切符は、一日に何回も<u>乗車</u>できる。
명	승차< 하다 >	이 표는 하루에 여러 번 승차할 수 있다.

449	発車〈する〉 <small>はっしゃ</small>	このバスは10時に<u>発車する</u>。
명	발차 / 출발 < 하다 >	이 버스는 10시에 출발한다.

450	通過〈する〉 <small>つうか</small>	もうすぐ市役所の前を<u>通過する</u>。
명	통과 < 하다 >	곧 시청 앞을 통과한다.

451	停車〈する〉 <small>ていしゃ</small>	駅前で<u>停車する</u>と、たくさんの人が乗ってきた。
명	정차 < 하다 >	역 앞에서 정차하자 많은 사람이 승차했다.

Section 4

452	下車〈する〉 げしゃ	たくさんの人が途中で下車した。
명	하차<하다>	많은 사람이 도중에 하차했다.

➕ (乗り物を/から)降りる (차량/탈 것(를/에서)) 내리다
　途中下車〈する〉 도중하차<하다>

453	交通費 こうつうひ	日本は交通費が、とても高い。
명	교통비	일본은 교통비가 매우 비싸다.

454	バス代 だい	今年、バス代が高くなった。
명	버스 요금	올해 버스 요금이 비싸졌다.

455	払い戻す はらもど	一度払ったバス代は、払い戻せません。
동	환불하다	일단 지불한 버스 요금은 환불할 수 없습니다.

➕ 払い戻し 환불

456	定員 ていいん	このバスの定員は４５人だ。
명	정원	이 버스의 정원은 45명이다.

457	つめる	込んでいるときは、席をつめてお座りください。
동	사이를 좁히다	붐빌 때는 자리를 좁혀 앉으십시오.

458	がらがらな	この時間のバスはがらがらだ。
ナ形	텅 비다	이 시간의 버스는 텅 비어 있다.

459	すく	駅前で人が降りたので、バスがすいた。
동	공간/자리(이/가) 생긴다/비다	역 앞에서 사람들이 내려서 버스가 비었다.

460	満員 まんいん	雨の日の朝は、満員になることが多い。
명	만원	비 오는 날 아침은 만원이 되는 경우가 많다.

➕ 満席 만석

Chapter 4

461 부	ぎっしり [と] 빼곡히 / 가득히	バスに人が<u>ぎっしり</u>乗っている。 버스에 사람이 빼곡히 타고 있다.

➕ びっしり [と] 촘촘히 / 빼곡히 / 가득히

462 명	時刻 じこく 시각 / 시간	日本のバスは、<u>時刻</u>の通りに走る。 일본의 버스는 시간표대로 달린다.

➕ 時刻表 시각표 / 시간표

463 명	優先席 ゆうせんせき 노약자석 / 우선석	<u>優先席</u>に若い男性が座っている。 우선석에 젊은 남자가 앉아 있다.

464 동	立ち上がる た あ 일어나다	お年寄りが乗ってきたので、すぐに<u>立ち上がった</u>。 노인이 승차했기 때문에 바로 자리에서 일어섰다.

465 동	ゆずる 양보하다	お年寄りに席を<u>ゆずった</u>。 노인에게 자리를 양보했다.

466 동	かかる 시간이 걸리다 / 소요되다	電車よりバスのほうが、時間が<u>かかる</u>。 전철보다 버스가 더 시간이 걸린다.

467 명	ブレーキ 브레이크	急な<u>ブレーキ</u>で、バスが止まった。 급브레이크로 버스가 멈췄다.

➕ 急ブレーキ 급브레이크

Section 5

운전하다

運転する（うんてんする）

468	ドライブ〈する〉 명 드라이브<하다>	私の趣味はドライブです。 나의 취미는 드라이브입니다.
469	乗せる の 동 태우다	友だちや彼女を乗せて、よくドライブする。 친구나 여자 친구를 태우고 자주 드라이브한다.

↔ 降ろす
お

| 470 | 助手席
じょしゅせき
명 조수석 | 彼女が助手席に座ると、どきどきする。
여자 친구가 조수석에 앉으면 두근두근한다. |

✚ 運転席 운전석
うんてんせき

471	シートベルト 명 안전벨트	シートベルトをするのを、忘れないでください。 안전벨트를 매는 것을 잊지 마십시오.
472	カーナビ 명 내비게이션	カーナビがあれば、どこへでも行ける。 내비게이션이 있으면 어디든지 갈 수 있다.
473	道路 どうろ 명 도로	今日は道路が、いつもよりすいている。 오늘은 도로가 평소보다 비어 있다.
474	渋滞〈する〉 じゅうたい 명 혼잡<하다>/ 정체<하다>	連休中、この道路はかなり渋滞する。 연휴 동안에 이 도로는 매우 정체된다.
475	速度 そくど 명 속도	速度を守って走ろう。 속도를 준수하여 달리자.

= スピード

Chapter 4

476	高速道路 こうそくどうろ	高速道路は、あまり利用したことがない。
名	고속도로	고속도로는 그다지 이용한 적이 없다.

477	安全〈な〉 あんぜん	安全な場所に車を止めた。(ナ形)
名 ナ形	안전 < 하다 >	안전한 장소에 차를 세웠다.

➕ **安全運転** 안전 운전
あんぜんうんてん

478	列 れつ	ひどい渋滞で、車の長い列ができている。
名	열 / 줄	심한 교통 체증으로 차량의 긴 줄이 생겼다.

479	割り込む わ　こ	後ろの車が、私の前に割り込んできた。
動	끼어들다	뒷 차가 내 앞으로 끼어 들어왔다.

➕ **割り込み** 끼어들기
わ　こ

480	駐車違反 ちゅうしゃいはん	駐車違反をしたら、お金を払わなければならない。
名	주차 위반	주차 위반을 하면 돈을 내야 한다.

481	スピード違反 いはん	スピード違反をしたことがない。
名	속도 위반	속도 위반을 한 적이 없다.

482	飲酒運転 いんしゅうんてん	飲酒運転をしてはいけません。
名	음주 운전	음주 운전을 해서는 안 됩니다.

➕ **飲酒**〈する〉 음주 < 하다 >
いんしゅ

483	アクセル	アクセルを踏んで、スピードを上げた。
名	액셀 / 액셀러레이터 (가속 장치)	액셀을 밟아 속도를 올렸다.

484	カーブ	ここから長いカーブの道が続く。
名	커브 길	여기부터 긴 커브 길이 이어진다.

Section 5

485	ゆるい	①シートベルトが<u>ゆるい</u>と、危険だ。 ②<u>ゆるい</u>カーブの道を走る。
イ형	느슨하다 / 완만하다	① 안전벨트가 느슨하면 위험하다. ② 완만한 커브 길을 달린다.

👍 ① 헐겁다 ② 경사가 가파르지 않다

486	パンク〈する〉	彼の車は、何かを踏んで<u>パンクした</u>。
명	펑크 < 하다 >	그의 차는 무엇인가를 밟아서 펑크 났다.

➕ タイヤ 타이어

487	一方通行 いっぽうつうこう	この道が<u>一方通行</u>だと知らなかった。
명	일방통행	이 도로가 일방통행인 줄 몰랐다.

488	通行止め つうこうどめ	ここから先は<u>通行止め</u>です。
명	통행 금지	여기서부터는 통행 금지입니다.

489	運転免許証 うんてんめんきょしょう	<u>運転免許証</u>は常に持っていなければならない。
명	운전 면허증	운전 면허증은 항상 가지고 있어야 한다.

490	ぶつかる	交差点で、車と自転車が<u>ぶつかった</u>。
동	부딪치다 / 충돌하다	교차로에서 자동차와 자전거가 부딪쳤다.

➕ (〜を) ぶつける (~을) 부딪치다 / 부딪뜨리다

491	ひく	車の前に犬がいたので、<u>ひか</u>ないように注意した。
동	(자동차 / 자전거 등으로) 치다	차 앞에 개가 있었기 때문에 치지 않도록 주의했다.

492	ハンドル	初めて<u>ハンドル</u>をにぎったときは、緊張した。
명	핸들	처음 핸들을 잡았을 때는 긴장했다.

Chapter 4

493	トランク	車のトランクに、ゴルフの道具が入っている。
명	트렁크	차 트렁크에 골프 도구가 들어 있다.

494	エンジン	この車のエンジンの音は、ちょっとおかしい。
명	엔진	이 차의 엔진 소리가 좀 이상하다.

495	**中古車** ちゅう こ しゃ	いろいろ考えて、中古車を買うことにした。
명	중고차	여러 가지 생각해서 중고차를 사기로 했다.

↔ 新車
しんしゃ

496	トラック	トラックが、私の車を追い越していった。
명	트럭	트럭이 내 차를 추월해 갔다.

N3
Chapter
5

공부하자

勉強しよう！
べんきょう

		단어 No.
1 학교	学校 がっこう	497 ～ 525
2 공부	勉強 べんきょう	526 ～ 552
3 일본의 대학	日本の大学 にほん だいがく	553 ～ 583
4 시험	試験 しけん	584 ～ 608
5 더 힘내라!	もっとがんばれ！	609 ～ 629

Section 1

학교

学校（がっこう）

497	入学式 にゅうがくしき	入学式のころ、さくらが咲く。
명	입학식	입학식 때쯤 벚꽃이 핀다.

➕ （～に）入学する・（学校に）入る (～에) 입학하다 / (학교에) 들어간다

498	卒業式 そつぎょうしき	卒業式の日、大きな声で泣いた。
명	졸업식	졸업식 날 큰 소리로 울었다.

➕ （～を）卒業する・（学校を）出る (～을) 졸업하다 / (학교) 나오다

499	通学〈する〉 つうがく	私はバスと電車で通学しています。
명	통학 < 하다 >	나는 버스와 전철로 통학하고 있습니다.

500	学年 がくねん	日本の小学校は6学年、中学校は3学年だ。
명	학년	일본의 초등학교는 6학년이고 중학교는 3학년이다.

501	学期 がっき	夏休みが終わって、新しい学期が始まる。
명	학기	여름 방학이 끝나고 새 학기가 시작된다.

502	欠席〈する〉 けっせき	授業を欠席するときは、学校に連絡してください。
명	결석 < 하다 >	수업을 결석할 때는 학교에 연락하십시오.

↔ 出席〈する〉 しゅっせき

503	遅れる おく	朝の電車が30分も遅れた。
동	늦다 / 지연되다	아침 전철이 30분이나 늦었다.

504	遅刻〈する〉 ちこく	電車が遅れて、学校に遅刻してしまった。
명	지각 < 하다 >	전철이 늦어져서 학교에 지각했다.

505 동	サボる 게으름 피우다 / 일을 태만히 하다	二日も授業をサボって、先生にしかられた。 이틀이나 수업을 빼먹어서 선생님에게 야단을 맞았다.
506 명	集中〈する〉 しゅうちゅう 집중〈하다〉	授業のとき、なかなか集中できなくて困った。 수업 때 좀처럼 집중이 안 돼서 곤란했다.
507 부	うとうと[と]〈する〉 꾸벅꾸벅 / 깜박깜박〈졸다 / 하다〉	教室が暖かいと、うとうとしてしまう。 교실이 따뜻하면 꾸벅꾸벅 졸아버린다.
508 명	居眠り〈する〉 いねむ 앉은 채 졸다	居眠りしていて、先生に注意された。 앉은 채 졸아서 선생님에게 주의를 받았다.
509 명/ナ形	寝不足〈な〉 ねぶそく 수면 부족〈이다〉	最近、寝不足が続いている。(名) 最近ずっと寝不足で、授業中に眠くなる。(ナ形) 최근 수면 부족이 계속되고 있다. 최근 계속 수면 부족으로 수업 시간에 졸린다.
510 명	期間 きかん 기간	テスト期間なので、毎日遅くまで勉強している。 테스트 기간이므로 매일 늦게까지 공부하고 있다.
511 명	期限 きげん 기한	宿題の期限は、明日までだ。 숙제 기한은 내일까지이다.
512 명	時間割 じかんわり 시간표	先生から、新しい時間割をもらった。 선생님에게 새 시간표를 받았다.
513 명	項目 こうもく 항목	資料を、項目に分けて整理する。 자료를 항목으로 나누어 정리한다.

Section 1

514	座席 (ざせき)	クラスの座席は、1か月に1度変える。
名	좌석	클래스 좌석은 한 달에 한 번 바꾼다.

515	締め切り (しきり)	試験の申し込みは、金曜日が締め切りだ。
名	마감	시험 신청은 금요일이 마감이다.

➕ 締め切る 마감하다

516	開く (ひら)	教科書の123ページを開いてください。
動	열다 / 펴다	교과서 123 페이지를 펴 주세요.

↔ 閉じる (と)

517	一応 (いちおう)	答えを書いたら、一応確認しよう。
副	일단	답을 썼으면 일단 확인하자.

518	きちんと〈する〉	宿題は、毎日きちんと出してください。
副	제대로 / 정확히 / 깔끔히 / 바르게 〈하다〉	숙제는 매일 제대로 내주십시오.

519	きっかけ	先生との出会いがきっかけで、勉強が好きになった。
名	계기	선생님과의 만남을 계기로 공부를 좋아하게 되었다.

520	かしこい	あの子はかしこくて、親の手伝いもよくする。
イ形	영리하다	그 아이는 영리하고 부모의 심부름도 잘한다.

521	貸し出し (かだ)	図書館の本の貸し出しは、1回5冊までです。
名	대출	도서관의 책 대출은 1회 5권까지 입니다.

➕ 貸し出す 대출하다

522	返却〈する〉(へんきゃく)	この本は、2週間以内に返却してください。
名	반환〈하다〉	이 책은 2주 이내에 반환해 주십시오.

Chapter 5

523 名札 な ふだ
명 이름표

中学校までは、学校で名札をつけていた。
중학교까지는 학교에서 이름표를 달았다.

524 給食 きゅうしょく
명 급식

子どものころ、給食がとても楽しみだった。
어렸을 때 급식은 큰 즐거움이었다.

525 体育 たいいく
명 체육

勉強はできなかったが、体育は得意だった。
공부는 못했지만 체육은 잘했다.

➕ **体育館** たいいくかん 체육관

Section 2

공부

勉強（べんきょう）

526 **単語**（たんご） 명 단어	**単語**を、たくさん覚えよう。 단어를 많이 외우자.
527 **アクセント** 명 악센트	**アクセント**に注意して、発音しよう。 악센트에 주의해서 발음하자.
528 **暗記**〈する〉（あんき） 명 암기 < 하다 >	この文を**暗記する**のに、1時間もかかった。 이 문장을 암기하는 데 1시간이나 걸렸다.
529 **記憶**〈する〉（きおく） 명 기억 < 하다 >	小学校のとき、この本を読んだ**記憶**がある。 초등학교 때 이 책을 읽은 기억이 있다. ➕ 記憶力（きおくりょく） 기억력
530 **くり返す**（かえ） 동 반복하다	日本語の文を、何回も**くり返して**読む。 일본어 문장을 여러 번 반복하여 읽는다. ＝ リピートする
531 **聞き取る**（きと） 동 청취하다	単語を**聞き取って**、書いてください。 단어를 듣고 써 주세요. ➕ 聞き取り（きと） 청취 / 듣기
532 **聞き返す**（きかえ） 동 반문하다 / 되묻다 / 다시 묻다	先生の話がよく聞き取れなかったので、**聞き返した**。 선생님의 말이 잘 들리지 않아서 다시 물었다.

Chapter 5

533	聞き直す き なお	発音を確認するために、もう一度 CDを聞き直した。
動	다시 듣다	발음을 확인하기 위해 다시 한번 CD를 들었다.

534	言い直す い なお	発音を間違えたので、言い直した。
動	환언하다 / 말 바꾸다 / 다시 말하다	발음을 틀렸기 때문에 다시 말했다.

535	英会話 えいかいわ	英会話を習っているが、なかなかうまくならない。
名	영어 회화	영어 회화를 배우고 있지만 좀처럼 실력이 늘지 않는다.

536	入門 にゅうもん	フランス語の入門クラスで勉強しています。
名	입문	프랑스어 입문 클래스에서 공부하고 있습니다.

537	下書き〈する〉 したが	作文は、まず下書きをしたほうがいい。
名	초안 < 쓰다 >	작문은 먼저 초안을 쓰는 편이 좋다.

538	清書〈する〉 せいしょ	清書はていねいに、きれいに書きましょう。
名	정서 < 하다 >	정서는 정성껏 깨끗이 씁시다.

539	表れる あらわ	書いた文字には、その人の気持ちが表れる。
動	나타나다 / 드러나다	쓴 글씨에는 그 사람의 마음이 드러난다.

➕ (〜を) 表す (~을) 나타내다 / 드러내다

540	物語 ものがたり	寝る前に、日本の物語を読む。
名	이야기	자기 전에 일본의 이야기책을 읽는다.

541	教科 きょうか	私の好きな教科は、数学です。
名	교과	내가 좋아하는 교과 과목은 수학입니다.

➕ 国語 국어・理科 이과・算数 산수

Section 2

542	**科目** かもく	水曜日は、好きな<u>科目</u>の授業を選べる。
名	과목	수요일은 좋아하는 과목의 수업을 선택할 수 있다.

543	**足し算** たざん	大きな数字の<u>足し算</u>は間違えそうだ。
名	덧셈	큰 숫자의 덧셈은 틀릴 것 같다.

↔ 引き算 ひきざん ➕ かけ算 かけざん 곱셈・割り算 わりざん 나눗셈

544	**イコール**	「=」は<u>イコール</u>と読む。
名	등호	"=" 는 이콜이라고 읽는다.

545	**グラフ**	次の<u>グラフ</u>を見て、答えてください。
名	그래프	다음 그래프를 보고 답하십시오.

546	**三角形** さんかくけい	紙を<u>三角形</u>に折る。
名	삼각형	종이를 삼각형으로 접는다.

= 三角 さんかく ➕ 四角 しかく 사각(형)

547	**定規** じょうぎ	箱の大きさを<u>定規</u>で測る。
名	자	상자 크기를 자로 측정한다.

= ものさし

548	**センチ**	1メートルは、何<u>センチ</u>ですか。
名	센티	1 미터는 몇 센티입니까?

549	**自習〈する〉** じしゅう	先生が来るまで、<u>自習して</u>いてください。
名	자습〈하다〉	선생님이 올 때까지 자습해 주세요.

550	**ローマ字** じ	ここに、<u>ローマ字</u>で名前を書いてください。
名	로마자	여기에 로마자로 이름을 써 주세요.

Chapter 5

551 補講〈する〉
ほこう

名 보강 < 하다 >

昨日欠席した人は、今日、補講があります。
きのう けっせき ひと きょう ほこう

어제 결석한 사람은 오늘 보강이 있습니다.

➕ 補習 보충 학습
ほしゅう

552 (えんぴつを)けずる

동 (연필을) 깎다

息子は、ナイフでえんぴつをけずれない。
むすこ

아들은 칼로 연필을 깎을 줄 모른다.

Section 3 일본의 대학

日本の大学（にほんのだいがく）

553	**学部** (がくぶ)	人気の<u>学部</u>に、定員の５０倍の学生が集まった。
명	학부	인기 학부에 정원 50 배의 학생들이 모였다.
554	**文系** (ぶんけい)	ほとんどの大学では、<u>文系</u>に女子が多い。
명	문과	대부분의 대학에서는 문과에 여자가 많다.
555	**理系** (りけい)	化学が好きなので、<u>理系</u>に進んだ。
명	이과	화학을 좋아해서 이과에 진학했다.
556	**学科** (がっか)	私は外国語学部の日本語<u>学科</u>で勉強している。
명	학과	나는 외국어학부 일본어학과에서 공부하고 있다.

➕ **心理学**(しんりがく) 심리학 · **物理学**(ぶつりがく) 물리학 · **法学**(ほうがく) 법학 · **言語学**(げんごがく) 언어학

557	**専攻〈する〉** (せんこう)	大学で何を<u>専攻する</u>か、よく考えて受験する。
명	전공 〈하다〉	대학에서 무엇을 전공할지 잘 생각해서 수험한다.
558	**前期** (ぜんき)	明日から<u>前期</u>の試験が始まる。
명	전기 /1 학기	내일부터 전기 시험이 시작된다.

↔ **後期**(こうき) 후기 /2 학기

559	**学費** (がくひ)	この大学の<u>学費</u>は、あまり高くない。
명	학비	이 대학의 학비는 그다지 비싸지 않다.

➕ **授業料**(じゅぎょうりょう) 수업료

☞ " **学費** "는 수업료에 교재비 등을 더한 돈.

Chapter 5

560	奨学金 しょうがくきん	今年から奨学金が、もらえることになった。
名	장학금	올해부터 장학금을 받을 수 있게 됐다.

561	公立 こうりつ	高校まで、公立の学校に通っていた。
名	공립	고등학교까지 공립학교에 다녔다.

➕ **国立** 국립 · **県立** 현립 · **市立** 시립

562	私立 しりつ	東京には、有名な私立大学がたくさんある。
名	사립	도쿄에는 유명한 사립대학이 많다.

563	教授 きょうじゅ	法学部の田中教授は、とても有名な人だ。
名	교수	법학부의 다나카 교수는 매우 유명한 사람이다.

564	講義〈する〉 こうぎ	鈴木教授の講義は、学生に大人気だ。
名	강의 < 하다 >	스즈키 교수의 강의는 학생들에게 큰 인기다.

565	えらい	この大学には、えらい教授が多い。
イ形	훌륭하다 / 대단하다	이 대학은 훌륭한 교수가 많다.

566	ゼミ	どのゼミを選ぶか、まだ考えている。
名	세미나	어떤 세미나를 선택할지 아직 생각 중이다.

567	テーマ	論文のテーマを、来週までに決めなければいけない。
名	테마 / 주제	논문 주제를 다음 주까지 결정하지 않으면 안 된다.

568	手続き〈する〉 てつづ	入学の手続きは、金曜日までにしなければならない。
名	수속 < 하다 >	입학 수속은 금요일까지 해야 한다.

Section 3

569 명	**日付** (ひづけ) 날짜	レポートに<u>日付</u>を書いてください。 보고서에 날짜를 적어 주십시오.
570 명	**筆者** (ひっしゃ) 필자	この<u>筆者</u>の本は、私にはとても役に立つ。 이 필자의 책은 나에게 매우 도움이 된다.
571 명	**内容** (ないよう) 내용	レポートの<u>内容</u>はいいが、枚数が足りない。 보고서 내용은 좋지만 장수가 부족하다.
572 동	**まとめる** 정리하다	考えを<u>まとめて</u>、発表してください。 생각을 정리하여 발표해 주십시오.

➕ (〜が) まとまる (~이/가) 결정되다

573 동	**仕上げる** (しあげる) 마무리하다 / 완성하다	卒業論文を1週間で<u>仕上げた</u>。 졸업 논문을 1주일에 완성했다.

➕ (〜が) 仕上がる (~이/가) 완성되다

574 명	**提出 〈する〉** (ていしゅつ) 제출 < 하다 >	締め切りまでに、レポートを<u>提出</u>しなければ。 마감까지 보고서를 제출해야지.

➕ (書類を) 出す (서류를) 내다

575 명	**進路** (しんろ) 진로	大学卒業後の<u>進路</u>について、親に相談した。 대학 졸업 후의 진로에 대해 부모와 상의했다.
576 명	**大学院** (だいがくいん) 대학원	私は<u>大学院</u>で、研究をしたいと思っている。 나는 대학원에서 연구를 하고 싶다고 생각하고 있다.
577 명	**進学 〈する〉** (しんがく) 진학 < 하다 >	大学院<u>進学</u>のための準備をする。 대학원 진학을 위한 준비를 한다.

Chapter 5

578 一人暮らし(ひとりぐらし)
명 독신생활 / 혼자 살기

一人暮らしは楽しいが、ときどきさびしくなる。
혼자 살기는 재미있지만 때로는 외로움을 느끼게 된다.

579 アルバイト〈する〉
명 아르바이트 < 하다 >

来月からアルバイトを減らすことにした。
다음 달부터 아르바이트를 줄이기로 했다.

= バイト〈する〉

580 時給(じきゅう)
명 시급

今のバイトの時給は悪くない。
지금 하는 아르바이트 시급은 나쁘지 않다.

581 寮(りょう)
명 기숙사

大学の寮が空いていれば、ぜひ入りたい。
대학 기숙사가 비어 있으면 꼭 들어가고 싶다.

582 休学〈する〉(きゅうがく)
명 휴학 < 하다 >

海外留学するために、2年間休学することにした。
해외 유학하기 위해 2년간 휴학하기로 했다.

583 退学〈する〉(たいがく)
명 퇴학 / 자퇴 < 하다 >

経済的な理由で退学した。
경제적인 이유로 자퇴했다.

Section 4

시험

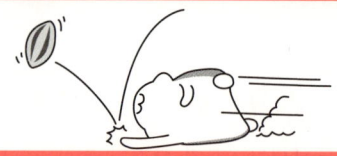

試験（しけん）

584 受験〈する〉
じゅけん
명 수험 < 하다 >

受験のために、毎日10時間勉強している。
수험을 위해 매일 10시간 공부하고 있다.

➕ (試験を)受ける (시험을) 받다 / 치르다

585 受験生
じゅけんせい
명 수험생

妹が受験生なので、家族で応援している。
여동생이 수험생이라 가족이 같이 응원하고 있다.

586 合格〈する〉
ごうかく
명 합격 < 하다 >

毎日がんばったのだから、ぜひ合格したい。
매일 열심히 했으니 꼭 합격하고 싶다.

➕ (試験に)受かる (시험에) 합격하다

587 配る
くば
동 배부되다

試験の説明のあとで、問題が配られた。
시험에 대한 설명 후에 문제가 배부되었다.

588 氏名
しめい
명 이름

氏名のところに、ローマ字で名前を書く。
이름 란에 로마자로 이름을 쓴다.

589 裏返す
うらがえ
동 뒤집다

時間になるまで、問題の紙を裏返しておいてください。
(시작) 시각이 될 때까지 문제지를 뒤집어 두십시오.

➕ 裏返し 뒤집기
うらがえ

590 問い
と
명 질문

問いをよく読んでから、答えましょう。
질문을 잘 읽고 나서 답합시다.

➕ 問う 묻다
と

Chapter 5

591	解く と	どんどん問題を解いていく。
동	해결하다	계속 문제를 풀어나간다.

592	正解〈する〉 せいかい	試験が終わったら、正解の紙を配ります。
명	정답 < 하다 >	시험이 끝나면 정답지를 배부합니다.

= 正答〈する〉せいとう

593	正確〈な〉 せいかく	漢字は正確に書いてください。（ナ形）
명 ナ형	정확하게 / 정확히	한자는 정확하게 써 주세요.

594	すらすら［と］	問題が簡単なので、すらすらと解けた。
부	술술	문제가 간단해서 술술 풀렸다.

595	ちっとも	何度問題を読んでも、ちっともわからない。
부	조금도	여러 번 문제를 읽어도 조금도 모르겠다.

596	カンニング〈する〉	カンニングをした学生が、注意された。
명	커닝 < 하다 >	커닝을 한 학생이 주의를 받았다.

597	ぎりぎり〈な〉	これが合格ぎりぎりの点だった。（名） 試験の時間ぎりぎりに間に合った。（ナ形）
명 ナ형	시간에 여유가 없다 / 빠듯 < 하다 >	이것이 합격에 빠듯한 점수였다. 시험 시간에 빠듯하게 도착했다.

598	余る あま	問題が早く解けたので、時間が余った。
동	남다	문제를 빨리 풀었기 때문에 시간이 남았다.

Section 4

599	**適当な** てきとう	① 4つの中から、<u>適当な</u>答えを1つ選びなさい。 ② 彼の仕事は、いつも<u>適当で</u>、みんな怒っている。
ナ形	적당한 / 적당히 / 대충	① 4개 중에서 적당한 답을 하나 선택하십시오. ② 그의 일은 항상 대충이어서 모두 화 내고 있다.

👉 ① 적절히, 알맞게 ② (요령을 부리어) 적당히

600	**でたらめ〈な〉**	全然わからないので、<u>でたらめな</u>答えを書いた。(ナ形)
명 ナ形	엉터리인 / 터무니없는	전혀 몰라서 엉터리 답을 썼다.

601	**間違い** まちが	試験の問題に<u>間違い</u>があった。
명	잘못	시험 문제에 잘못이 있었다.

➕ 間違う 틀리다 / 실수하다・間違える 잘못하다

602	**優れる** すぐ	彼女は学力が<u>優れて</u>いる。
동	우수하다	그녀는 학력이 우수하다.

👉 "優れている" "優れた" 의 형태로 사용한다.

603	**実力** じつりょく	試験で、100パーセント<u>実力</u>を出すのは難しい。
명	실력	시험에서 100% 실력을 내는 것은 어렵다.

604	**結果** けっか	早く<u>結果</u>を知りたいが、知るのが怖い。
명	결과	빨리 결과를 알고 싶지만 아는 것이 두렵다.

605	**少数** しょうすう	この試験は<u>少数</u>の人しか合格しない。
명	소수	이 시험은 소수의 사람밖에 합격하지 못한다.

606	**可能性** かのうせい	自分が大学に受かる<u>可能性</u>を信じたい。
명	가능성	자신이 대학에 합격할 가능성을 믿고 싶다.

Chapter 5

607	あきらめる	どんな結果でも、あきらめない。
동	포기하다	어떤 결과라도 포기하지 않는다.
608	掲示板 けい じ ばん	掲示板に、試験のお知らせがはってある。
명	게시판	게시판에 시험 안내가 붙어 있다.

Section 5

더 힘내라!

もっとがんばれ！

609	知識 ちしき	もっといろいろな知識を増やしたい。
명	지식	더 다양한 지식을 늘리고 싶다.
610	理解〈する〉 りかい	前より早く日本語が理解できるようになった。
명	이해〈하다〉	이전보다 빨리 일본어를 이해할 수 있게 되었다.
611	目指す めざ	N3合格を目指して毎日がんばっている。
동	목표로 하다 / 지향하다	N3 합격을 목표로 매일 노력하고 있다.
612	試す ため	練習問題で自分の実力を試してみよう。
동	실지로 해보다 / 시험해 보다	연습 문제에서 자신의 실력을 시험해 보자.
613	自信 じしん	日本語の日常会話に自信がある。
명	자신 / 자신감	일본어 일상 회화에 자신이 있다.
614	やる気 き	やる気はあるが、なかなか集中できない。
명	의욕	의욕은 있지만 좀처럼 집중이 안된다.
615	くやしい	94点で不合格だった。とてもくやしい。
イ형	분하다 / 억울하다	94점으로 불합격이었다. 너무 분하다.
616	レベル	早くN1レベルの勉強をしたい。
명	레벨 / 수준	빨리 N1 레벨의 공부를 하고 싶다.

➕ 生活レベル 생활수준
せいかつ

Chapter 5

617	利口〈な〉 りこう	弟は<u>利口で</u>、医者になることを目指している。(ナ形)
명 ナ形	똑똑 / 영리 <한>	동생은 똑똑해서 의사가 되는 것을 목표로 하고 있다.

↔ ばか〈な〉

618	さっそく	勉強した単語を、<u>さっそく</u>使ってみる。
부	즉시 / 곧 / 바로	공부한 단어를 바로 사용해 본다.

619	ざっと	テスト前に教科書を<u>ざっと</u>復習した。
부	대략	시험 전에 교과서를 대략 복습했다.

620	しっかり［と］〈する〉	彼は毎日<u>しっかり</u>予習も復習もしている。
부	확실히 / 꼭 / 착실히 <하다>	그는 매일 착실히 예습도 복습도 하고 있다.

621	じっくり［と］	時間はあるので、<u>じっくりと</u>解いてください。
부	차분히	시간은 있으니까 차분히 풀어주세요.

622	相当〈な〉 そうとう	今日のテストは、<u>相当</u>難しかった。(副)
ナ形 부	상당히 / 제법 / 대단히	오늘의 시험은 상당히 어려웠다.

623	まあまあ〈な〉	この問題で80点なら、<u>まあまあ</u>だろう。(ナ形)
ナ形 부	그럭저럭 / 그런대로	이 문제로 80점이라면 그런대로겠다.

624	努力〈する〉 どりょく	<u>努力すれ</u>ば、きっといい結果になる。
명	노력 <하다>	노력하면 반드시 좋은 결과가 있다.

497 - 629

Section 5

625	なまける	昨日の夜なまけたので、テストの点が悪かった。
동	게으름 피우다	어젯밤 게으름을 피워서 시험 점수가 나빴다.

➕ **なまけ者** 게으름뱅이

626	得意な とくい	努力したので、会話も得意になった。
ナ형	자신 있는	노력했기 때문에 회화도 자신이 있게 되었다.

627	苦手な にがて	苦手な科目は作文だ。
ナ형	서투른 / 자신 없는 / 다루기 어렵고 싫은	자신 없는 과목은 작문이다.

628	マスター〈する〉	外国語をマスターするのは大変だ。
명	완전히 습득하다 / 마스터〈하다〉	외국어를 마스터하는 것은 힘들다.

629	問い合わせる と あ	日本語能力試験について、電話で問い合わせた。
동	문의하다	일본어 능력 시험에 대해 전화로 문의했다.

➕ **問い合わせ** 문의

110

Chapter 5

이것도 외우자! ❶

🔗 접속사　接続詞
　　　　　　せつぞくし

- **理由 ······ 結果**
　りゆう　　　けっか
　이유 ------ 결과

だから・それで・ですから・そのため・したがって
그래서・그래서・그러니까요・그 때문에・따라서

明日は部長が出張だ。したがって、会議は中止だ。
あした　ぶちょう　しゅっちょう　　　　　　かいぎ　ちゅうし
내일은 부장이 출장이다. 따라서 회의는 중지다.

- **結果 ······ 理由**
　けっか　　　りゆう
　결과 ------ 이유

だって・なぜなら・なぜかというと・というのは・というのも
하지만・왜냐하면・왜인가 하면・(이) 라는 것은・왜냐하면

最近とても忙しい。というのも、アルバイトを始めたからだ。
さいきん　　いそが　　　　　　　　　　　　　　　　はじ
최근 너무 바쁘다. 왜냐하면 아르바이트를 시작했기 때문이다.

- **状況・理由 ······ 提案**
　じょうきょう　りゆう　　　　ていあん
　상황・이유 ------ 제안

じゃ・それじゃ・だったら・それなら・それでは
그럼・그럼・(이) 라고 하면・그렇다면・그럼

A「明日は台風が来るらしいよ。」
　　あした　たいふう　く
B「じゃ、遊びに行くのはやめよう。」
　　　　　あそ　　い
A : " 내일은 태풍이 오는가봐."
B : " 그럼, 놀러 가는 것은 그만두자."

- **A + ······ B**
　A+------B / A+------B

しかも・そのうえ　게다가・그 위에

あのレストランの料理は、とてもおいしい。そのうえ、安い。
　　　　　　　　りょうり　　　　　　　　　　　　　　　　やす
그 식당의 음식은 매우 맛있다. 게다가 싸다.

- **A……Aの要約**
  A------A 의 요약

つまり・要するに　즉・요컨대

A「田中さんは、木村さんにだけ親切だよね。」
B「つまり、木村さんを好きだということだね。」
A : "다나카 씨는 기무라 씨에게만 친절하지요."
B : "요컨대, 기무라 씨를 좋아한다는 것이지요."

- **状況……予想とは違う結果**
  상황 ------ 예상과는 다른 결과

でも・だけど・けれども・ところが・しかし・だが
그렇지만・하지만・그러나・그런데・그러나・하지만

がんばって勉強した。しかし、テストの点はよくなかった。
열심히 공부했다. 그러나 시험 점수는 좋지 않았다.

- **A……Aの条件・例外**
  A------A 조건・예외

ただ・ただし　오직・단지 / 다만

今日は牛乳が1本100円です。ただし、一人3本までです。
오늘은 우유가 1 개에 100 엔입니다. 단, 한 사람에 3 개까지입니다.

- **A……Aとは別の選択**
  A------A 와는 다른 선택

または　또는

ご連絡は、メールまたは電話でお願いします。
연락은 메일 또는 전화로 부탁합니다.

👉 " それとも " 는 의문문에 사용

大阪へは飛行機で行きますか。それとも、新幹線で行きますか。
오사카에 비행기로 갑니까? 아니면 신칸센으로 갑니까?

N3
Chapter
6
일 / 업무

仕事
しごと

		단어 No.
1 취업	就職 しゅうしょく	630 ～ 657
2 회사	会社 かいしゃ	658 ～ 679
3 상하 관계	上下関係 じょうげかんけい	680 ～ 702
4 어떤 일?	どんな仕事? しごと	703 ～ 723
5 컴퓨터로	パソコンで	724 ～ 747

Section 1

취업

就職（しゅうしょく）

630	企業（きぎょう） 명 기업	興味がある企業が、いくつかある。 관심이 있는 기업이 몇 곳 있다.
631	ホームページ 명 홈페이지	行きたい会社のホームページをチェックする。 가고 싶은 회사 홈페이지를 체크한다. ➕ ウェブサイト 웹 사이트・ウェブページ 웹 페이지
632	条件（じょうけん） 명 조건	就職の条件は、企業によって違う。 취업 조건은 기업에 따라 다르다.
633	募集〈する〉（ぼしゅう） 명 모집〈하다〉	サイトを見て、募集の条件を確認した。 사이트를 보고 모집 조건을 확인했다.
634	応募〈する〉（おうぼ） 명 응모〈하다〉	3つの企業に応募してみようと思っている。 3개의 기업에 응모해 보려고 한다.
635	登録〈する〉（とうろく） 명 등록〈하다〉	就職サイトに登録した。 취업 사이트에 등록했다.
636	面接〈する〉（めんせつ） 명 면접〈하다〉	面接の翌日、さっそく連絡が来た。 면접 다음 날 바로 연락이 왔다.
637	履歴書（りれきしょ） 명 이력서	履歴書のために写真を撮った。 이력서를 쓰기 위해 사진을 찍었다.
638	記入〈する〉（きにゅう） 명 기재〈하다〉	履歴書に趣味を記入した。 이력서에 취미를 기재했다.

Chapter 6

639	資格 しかく	就職のためには、どんな資格が必要ですか。
명	자격	취업을 위해서는 어떤 자격이 필요합니까?

640	服装 ふくそう	面接では、髪型や服装にも気をつけましょう。
명	복장	면접에서는 헤어 스타일과 복장에도 주의합시다.

641	長所 ちょうしょ	あなたの長所を2つ答えてください。
명	장점	당신의 장점을 두 가지 대답하십시오.

642	短所 たんしょ	あなたの短所は何ですか。
명	단점	당신의 단점은 무엇입니까?

643	全て すべて	社長の本は、全て読んだ。(副)
명/부	전부 / 모두 / 전체 / 모조리	사장님의 책은 전부 읽었다.

644	ワイシャツ	デパートで、面接のためのワイシャツを買った。
명	와이셔츠	백화점에서 면접을 위한 와이셔츠를 샀다.

645	ぜひ	ぜひ、こちらで働かせていただきたいです。
부	꼭	꼭 이곳에서 일하게 해 주셨으면 합니다.

646	ぜひとも	ぜひとも、この会社で働きたいです。
부	무슨 일이 있어도 / 반드시	무슨 일이 있어도 이 회사에서 일하고 싶습니다.

647	やとう	この会社では、1000人以上の社員を やとっているそうだ。
동	고용하다	이 회사에서는 1000명 이상의 직원을 고용하고 있다고 한다.

Section 1

648 採用〈する〉(さいよう)
名 채용<하다>

あの会社に採用されるか、心配だ。
그 회사에 채용될지 걱정이다.

649 受け取る(うけとる)
動 받다

面接した会社から、採用の書類を受け取った。
면접한 회사로부터 채용 서류를 받았다.

➕ 受け取り(うけとり) 받음/수취

650 正社員(せいしゃいん)
名 정규직 사원

できれば正社員になりたい。
될 수 있으면 정규직 사원이 되고 싶다.

➕ 社員(しゃいん) 사원・パート 파트/파트타이머(시간제 근무자)

👉 "社員"은, 정규직 외에 1년 계약 갱신이 있는 계약직 등도 있다.

651 サラリーマン
名 샐러리맨 (봉급 생활자/직장인)

サラリーマンらしいスーツを買った。
직장인다운 슈트를 샀다.

➕ OL(オーエル) OL(여사무원)

652 研修〈する〉(けんしゅう)
名 연수<하다>

採用が決まって、すぐに研修が始まる。
채용이 결정되고 즉시 연수가 시작된다.

653 実習〈する〉(じっしゅう)
名 실습<하다>

研修で習ったことを実習する。
연수에서 배운 것을 실습한다.

654 インターン
名 인턴

インターンは学生にとって、いい経験だ。
인턴은 학생들에게 있어서 좋은 경험이다.

655 職場(しょくば)
名 직장

職場では、人との関係がとても大切だ。
직장에서는 사람과의 관계가 매우 중요하다.

656 得る(える)
動 얻다

仕事から、多くの経験を得ることができる。
일을 통해 많은 경험을 얻을 수 있다.

Chapter 6

657	たとえ	<u>たとえ</u>嫌なことがあっても、がんばりたい。
부	비록	비록 싫은 일이 있어도 열심히 하고 싶다.

Section 2

회사

会社（かいしゃ）

658 受付（うけつけ）
명 접수처 / 안내계

受付で名前を書かないと、会社の中に入れない。
접수처에서 이름을 쓰지 않으면 회사 안에 들어갈 수 없다.

➕ 受け付ける 접수하다

659 ミーティング〈する〉
명 미팅 / 회의〈하다〉

3時からのミーティングには、社長も出席する。
3시부터의 미팅에는 사장님도 참석한다.

660 話し合う（はなしあう）
동 이야기를 나누다 / 논의하다 / 토론하다

来月のイベントについて、みんなで話し合った。
다음 달 이벤트에 대해서 모두와 논의했다.

➕ 話し合い 토론 / 논의

661 調整〈する〉（ちょうせい）
명 조정〈하다〉

出張のスケジュールを調整した。
출장 일정을 조정했다.

662 能力（のうりょく）
명 능력

A社では、能力のある外国人を採用している。
A사에서는 능력 있는 외국인을 채용하고 있다.

663 役割（やくわり）
명 역할

一人ひとりの役割を、しっかり決めましょう。
각자의 역할을 확실히 정합시다.

664 もうかる
동 이득이 되다 / 벌이가 되다

会社がもうかるためには、アイディアが必要だ。
회사가 이익을 얻기 위해서는 아이디어가 필요하다.

➕ （～を）もうける （~을) 벌다 / 이익을 보다

Chapter 6

665	**通勤〈する〉** つうきん	<u>通勤</u>に往復で4時間もかかる。
명	통근 / 출퇴근 < 하다 >	출퇴근에 왕복 4시간이나 걸린다.

666	**早退〈する〉** そうたい	かぜをひいたので、3時くらいに<u>早退した</u>。
명	조퇴 < 하다 >	감기에 걸렸기 때문에 3시쯤 조퇴했다.

667	**無断** むだん	社会人が<u>無断</u>で休むなんて、信じられない。
명	무단	사회인이 무단결근을 하다니 믿기지 않는다.

668	**社会人** しゃかいじん	弟は、今年の春から<u>社会人</u>になる。
명	사회인	남동생은 올해 봄부터 사회인이 된다.

669	**一人ひとり** ひとり	社長が<u>一人ひとり</u>の意見を聞いた。
명	각각 / 각자	사장이 각자의 의견을 들었다.

670	**印鑑** いんかん	銀行の書類のために、<u>印鑑</u>が必要だ。
명	도장 / 인감	은행 서류를 위해 도장이 필요하다.

➕ はんこ 도장

671	**インタビュー〈する〉**	番組の<u>インタビュー</u>で、仕事について聞かれた。
명	인터뷰 < 하다 >	방송 프로그램 인터뷰에서 일에 관하여 질문을 받았다.

672	**アンケート**	会社で商品に関する<u>アンケート</u>を取った。
명	설문조사	회사에서 상품에 대한 설문조사를 했다.

673	**回答〈する〉** かいとう	ほとんどの社員が、アンケートに<u>回答した</u>。
명	회답 / 답변 < 하다 >	대부분의 직원이 설문조사에 응답했다.

👍 테스트에 대한 답변은 " 解答〈する〉"

Section 2

674	ノック〈する〉	部屋に入るときは、ドアを<u>ノックして</u>ください。
명	노크 〈하다〉	방에 들어갈 때는 문을 노크하십시오.

675	月末(げつまつ)	この会社では<u>月末</u>が給料日だ。
명	월말	이 회사는 월말이 월급날이다.

676	確(たし)かめる	書類を受け取ったら、必ず内容を<u>確かめる</u>。
동	확인하다	서류를 받으면 반드시 내용을 확인한다.

677	確(たし)かに	A「今日は社長が出張なので、会議は明日にしましょう。」 B「<u>確かに</u>そのほうがいいですね。」
부	확실히	A " 오늘은 사장님이 출장이니까 회의는 내일 합시다." B " 확실히 그게 좋겠네요 . "

➕ 確(たし)か 확실함 / 틀림없음

👉 " 確か " 는 자기의 기억에 자신이 있을 때 사용한다 .

678	とっくに	A「部長は?」 B「<u>とっくに</u>帰りましたよ。1時間くらい前に。」
부	벌써 / 훨씬 전에	A " 부장님은 ? " B " 벌써 돌아갔습니다 . 1 시간쯤 전에 . "

679	失業(しつぎょう)〈する〉	兄は先月会社を辞めて、今<u>失業</u>中だ。
명	실업 〈하다〉	형 / 오빠는 지난달 회사를 그만두고 지금 실업 중이다 .

Section 3

상하 관계

上下関係（じょうげかんけい）

680	上司 (じょうし)	<u>上司</u>はきびしいほうが、いいと思う。
명	상사	상사는 엄격한 편이 좋다고 생각한다.

681	部下 (ぶか)	この会社では、<u>部下</u>が上司に自由に意見を言える。
명	부하	이 회사에서는 부하가 상사에게 자유롭게 의견을 말할 수 있다.

682	先輩 (せんぱい)	私と<u>先輩</u>は、兄弟のように親しい。
명	선배	나와 선배는 형제처럼 친하다.

↔ 後輩 (こうはい)

683	肩書き (かたがき)	田中さんの<u>肩書き</u>は課長だ。
명	직함	다나카 씨의 직함은 과장이다.

684	アドバイス〈する〉	先輩の<u>アドバイス</u>は役に立つ。
명	어드바이스 / 조언 < 하다 >	선배의 조언은 도움이 된다.

685	ひとこと	何か<u>ひとこと</u>アドバイスをお願いします。
명	한마디 말	뭔가 한마디 조언을 부탁드립니다.

686	同僚 (どうりょう)	あの会社の<u>同僚</u>はみんないい人だった。
명	동료	저 회사의 동료는 모두 좋은 사람이었다.

687	同期 (どうき)	私の<u>同期</u>は10人しかいない。
명	동기	내 동기는 10명밖에 없다.

Section 3

688 休暇 (きゅうか) — 名
上司に許可をもらって、休暇を取った。
휴가
상사에게 허가를 받고 휴가를 냈다.

689 オフ — 名
オフの日も、会社の同期と会う。
오프 / 쉬는 날
쉬는 날에도 회사 동기와 만난다.

➕ オン 온 / 일하는 날

690 責任 (せきにん) — 名
今の仕事は責任が重い。
책임
지금 일은 책임이 무겁다.

➕ 無責任な (むせきにん) 무책임한

691 プレッシャー — 名
上司からのプレッシャーに負けたくない。
압력 / 압박
상사로부터의 압력에 지고 싶지 않다.

692 不満〈な〉(ふまん) — 名 / ナ形
不満があるなら、はっきり言うべきだ。(名)
不満な気持ちを上司に伝えた。(ナ形)
불만 < 인 >
불만이 있다면 분명히 말해야 한다.
불만스런 마음을 상사에게 전했다.

693 命令〈する〉(めいれい) — 名
会社の命令にノーと言えない。
명령 < 하다 >
회사의 명령에 "NO" 라고 말할 수 없다.

694 指示〈する〉(しじ) — 名
上司に指示されたことを忘れてしまった。
지시 < 하다 >
상사에게 지시받은 것을 잊어버렸다.

695 苦労〈する〉(くろう) — 名
仕事を覚えるために、苦労した。
고생 < 하다 >
일을 익히느라 고생했다.

696 くたくたな — ナ形
毎日仕事が忙しくて、もうくたくただ。
기진맥진한
매일 일이 바빠서 이미 기진맥진이다.

Chapter 6

697	ミス〈する〉	<u>ミス</u>は、だれにでもあることだ。
명	미스 / 실수 < 하다 >	실수는 누구에게나 있는 일이다.

698	報告〈する〉 ほうこく	もしミスしてしまったら、<u>上司</u>に<u>報告し</u>なさい。 じょうし　ほうこく
명	보고 < 하다 >	만약 실수했으면 상사에게 보고하십시오.

699	飲み会 の　かい	明日、同期の<u>飲み会</u>がある。 あした　どうき　の　かい
명	회식	내일 동기들과 회식이 있다.

➕ **宴会** 연회
えんかい

👉 " 飲み会 " 쪽이 개인적인 인상이 강하다.

700	歓迎会 かんげいかい	4月と10月に<u>歓迎会</u>がある。 がつ　がつ　かんげいかい
명	환영회	4월과 10월에 환영회가 있다.

↔ **送別会**　➕ **歓迎**〈する〉 환영 < 하다 >
そうべつかい　　かんげい

701	飲み放題 の　ほうだい	<u>飲み放題</u>だと、飲みすぎてしまう。 の　ほうだい　　　の
명	음주 뷔페 / 술 무한 리필	술 무한 리필이면 과음해 버린다.

➕ **食べ放題** 뷔페 / 음식 무한 리필
た　ほうだい

702	つぐ	<u>乾杯</u>の<u>前</u>に、<u>先輩</u>にビールを<u>ついだ</u>。 かんぱい　まえ　　せんぱい
동	(술을) 따르다	건배 전에 선배에게 맥주를 따랐다.

Section 4

어떤 일?

どんな仕事（どんなしごと）？

703	勤務〈する〉 きんむ 명 근무〈하다〉	勤務時間は9時から5時だ。 근무 시간은 9시부터 5시 (까지)다.
704	事務 じむ 명 사무	会社に入ったときは、事務をやっていた。 회사에 입사했을 때는 사무를 보고 있었다.
705	担当〈する〉 たんとう 명 담당〈하다〉	今年から、大きな仕事を担当している。 올해부터 큰 일을 담당하고 있다.

➕ 担当者 담당자

706	営業〈する〉 えいぎょう 명 영업〈하다〉	営業の仕事は、いろいろな人に会えて楽しい。 영업 일은 여러 사람을 만날 수 있어 즐겁다.
707	経営〈する〉 けいえい 명 경영〈하다〉	将来、自分の会社を経営したい。 장래에 자신의 회사를 경영하고 싶다.
708	広告〈する〉 こうこく 명 광고〈하다〉	学生時代から広告の仕事に興味があった。 학창 시절부터 광고 일에 관심이 있었다.

➕ 宣伝〈する〉 선전〈하다〉・広告会社 광고 회사

709	出版〈する〉 しゅっぱん 명 출판〈하다〉	あの会社は、日本語の本を出版している。 그 회사는 일본어 책을 출판하고 있다.

➕ 出版社 출판사

710	制作〈する〉 せいさく 명 제작〈하다〉	私は、テレビドラマを制作したいと思っている。 나는 TV 드라마를 제작하고 싶다고 생각하고 있다.

Chapter 6

711	通訳 〈する〉	会社でベトナム語の通訳の仕事をしている。
명	통역 < 하다 >	회사에서 베트남어 통역 일을 하고 있다.

➕ 翻訳 〈する〉 번역 < 하다 >

712	精算 〈する〉	交通費は1週間以内に精算してください。
명	정산 < 하다 >	교통비는 1 주일 이내에 정산하십시오.

713	(予定を)立てる	海外出張の予定を立てる。
동	(예정을) 세우다	해외 출장 계획을 세운다.

714	長期	今度の出張は長期の予定だ。
명	장기	이번 출장은 장기 예정이다.

↔ 短期 ➕ 長期出張 장기 출장

715	日程	仕事が忙しくて、旅行の日程が決められない。
명	일정	일이 바빠서 여행 일정을 정할 수 없다.

716	ずらす	①いすをずらして、掃除する。 ②会議のスケジュールを3日ずらそう。
동	비켜 놓다 / 밀다 / 늦추다 / 미루다	① 의자를 비켜 놓고 청소한다. ② 회의 일정을 3 일 늦추자.

➕ (〜が) ずれる (~ 이 / 가) 벗어나다 / 늦어지다 / 빗나가다

👉 ① 수평으로 이동한다 ② 일정을 재고하다

717	延期 〈する〉	出張が来週に延期された。
명	연기 < 하다 >	출장이 다음 주로 연기되었다.

718	携帯 〈する〉	出張には、必ずパソコンを携帯している。
명	휴대 < 하다 >	출장에는 반드시 PC 를 휴대한다.

➕ 携帯電話 휴대 전화

Section 4

719	協力 〈する〉 きょうりょく	みんなで協力して、いい結果を出そう。
명	협력 < 하다 >	모두 협력하여 좋은 결과를 내자.
720	省略 〈する〉 しょうりゃく	あいさつは省略して、さっそく会議を始めよう。
명	생략 < 하다 >	인사는 생략하고 바로 회의를 시작하자.

➕ 省く 생략하다
  はぶ

721	積む つ	①部長の机の上に、書類が積んである。 ②経験を積んで、自分の会社を作りたい。
동	쌓다	① 부장님 책상 위에 서류가 쌓여 있다. ② 경험을 쌓아 자신의 회사를 만들고 싶다.

👍 ① 뭔가 다른 것 위에 쌓다 ② 반복되어 일어나다

722	成長 〈する〉 せいちょう	大学生のころと比べると、成長したと思う。
명	성장 < 하다 >	대학생 시절과 비교하면 성장했다고 생각한다.
723	かせぐ	お金をかせいで、将来のために貯金したい。
동	(돈・시간 등을) 벌다	돈을 벌어서 미래를 위해 저축하고 싶다.

Section 5

컴퓨터로

パソコンで

724	**画面** がめん	パソコンの<u>画面</u>を見ていると、目が疲れる。
명	화면	컴퓨터 화면을 보고 있으면 눈이 피곤하다.

725	**件名** けんめい	メールの<u>件名</u>は、長すぎないほうがいい。
명	제목	메일 제목은 너무 길지 않은 것이 좋다.

726	**受信** 〈する〉 じゅしん	このメールは昨日<u>受信した</u>。
명	수신 < 하다 >/ 받다	이 메일은 어제 받았다.

➕ **受信者** じゅしんしゃ 수신자 / 받는 사람

727	**送信** 〈する〉 そうしん	さっき<u>送信した</u>メールは届いただろうか。
명	송신 < 하다 >/ 보내다	아까 보낸 메일은 도착했을까?

➕ **送信者** そうしんしゃ 송신자 / 보낸 사람

728	**返信** 〈する〉 へんしん	仕事のメールは、できるだけ早く<u>返信し</u>よう。
명	회신 < 하다 >	일에 관한 메일은 가급적 빨리 회신하자.

729	**やり取り**〈する〉 と	毎日のように、メールを<u>やり取り</u>している。
명	교환 < 하다 >/ 주고받다	매일같이 메일을 주고받고 있다.

730	**入力** 〈する〉 にゅうりょく	大切なメールは、<u>入力した</u>ら何回も確認する。
명	입력 < 하다 >	중요한 메일은 입력한 후 여러 번 확인한다

731	**変換** 〈する〉 へんかん	彼のメールは漢字の<u>変換</u>ミスがとても多い。
명	변환 < 하다 >	그의 메일은 한자 변환 미스가 매우 많다.

Section 5

732 改行 〈する〉
かいぎょう

명 줄 바꿈 / 개행 <하다>

メールの文は、読みやすいように改行してください。

메일 문장은 읽기 쉽도록 줄 바꿈 해 주십시오.

733 見直す
みなお

동 검토하다 / 다시 보다 / 재점검하다

内容を2回見直して、送信した。

내용을 두 번 검토하고 보냈다.

734 変更 〈する〉
へんこう

명 변경 <하다>

アドレスを変更するのに、時間がかかった。

주소를 변경하는 데 시간이 걸렸다.

735 画像
がぞう

명 화상

このパソコンは画像がとてもきれいだ。

이 컴퓨터는 화상이 아주 깨끗하다.

➕ 映像 영상
えいぞう

👍 일반적으로 "画像"은 정지 화면 "映像"은 동영상을 가리킨다.

736 挿入 〈する〉
そうにゅう

명 삽입 <하다>

画像を挿入して、おもしろいメールを送った。

화상을 삽입하여 재미있는 메일을 보냈다.

737 添付 〈する〉
てんぷ

명 첨부 <하다>

ファイルを添付して、送信した。

파일을 첨부하여 송신했다.

➕ 添付ファイル 첨부 파일
てんぷ

738 削除 〈する〉
さくじょ

명 삭제 <하다>

昨日のメールは、削除してください。

어제 메일은 삭제해 주세요.

739 保存 〈する〉
ほぞん

명 보존 / 저장 <하다>

好きな写真を何枚か保存した。

좋아하는 사진을 몇 장 저장했다.

Chapter 6

740	**新規作成〈する〉** しんきさくせい	ファイルを<u>新規作成した</u>が、保存し忘れた。
명	신규 작성 < 하다 >	파일을 신규 작성했으나 저장하는 것을 잊었다.
741	**完了〈する〉** かんりょう	データの送信が<u>完了して</u>、安心した。
명	완료 < 되다 / 하다 >	데이터 송신이 완료되어 안심했다.
742	**ブログ**	友だちの<u>ブログ</u>は、毎日更新されている。
명	블로그	친구의 블로그는 매일 갱신되고 있다.
743	**マウス**	パソコンは古いが、<u>マウス</u>は新しい。
명	마우스	컴퓨터는 오래되었지만 마우스는 새것이다.
744	**クリック〈する〉**	ここを<u>クリックする</u>と、画面が変わる。
명	클릭 < 하다 >	여기를 클릭하면 화면이 바뀐다.
745	**プロバイダー**	引っ越ししたので、<u>プロバイダー</u>に連絡した。
명	프로바이더 (인터넷 접속 서비스 제공 회사)	이사했기 때문에 프로바이더에게 연락했다.
746	**ダウンロード〈する〉**	便利なソフトウェアを、無料で<u>ダウンロードした</u>。
명	다운로드 < 하다 >	편리한 소프트웨어를 무료로 다운로드했다.
	↔ アップロード〈する〉　➕ インストール〈する〉 인스톨 / 설치 < 하다 >	
747	**ノートパソコン**	私はこの<u>ノートパソコン</u>を、8年も使っている。
명	노트북 컴퓨터	나는 이 노트북 컴퓨터를 8년이나 사용하고 있다.
	➕ デスクトップ（パソコン） 데스크톱 (컴퓨터)	

이것도 외우자! ❷

직업 職業(しょくぎょう)

エンジニア	엔지니어
デザイナー	디자이너
作家(さっか)	작가
画家(がか)	화가
政治家(せいじか)	정치가 / 정치인
弁護士(べんごし)	변호사
医者(いしゃ)	의사
学者(がくしゃ)	학자
警察官(けいさつかん)	경찰관
消防士(しょうぼうし)	소방사
美容師(びようし)	미용사
ジャーナリスト	저널리스트
保育士(ほいくし)	보육사 / 유치원・어린이집 교사
公務員(こうむいん)	공무원
歌手(かしゅ)	가수
俳優(はいゆう)	배우
タレント	탤런트
プロスポーツ選手(せんしゅ)	프로 스포츠 선수

N3 Chapter 7

재미있는 일

楽(たの)しいこと

			단어 No.
1	여행	旅行(りょこう)	748 ~ 776
2	스포츠	スポーツ	777 ~ 804
3	패션	ファッション	805 ~ 827
4	멋 부림 / 치장 / 꾸미기	おしゃれ	828 ~ 851
5	취미	趣味(しゅみ)	852 ~ 871

Section 1

여행

旅行（りょこう）

748	日にち（ひ） 명 날짜	ツアーの申し込みの締め切りまで日にちがない。 투어 신청 마감일까지 날짜의 여유가 없다.
749	日帰り（ひがえ） 명 당일치기	大阪に日帰りで出張する。 오사카에 당일치기로 출장을 간다.

➕ 日帰り旅行 당일치기 여행

750	泊まり（と） 명 숙박	土曜日に、泊まりで温泉に行った。 토요일에 숙박으로 온천에 갔다.

➕ 泊まる 묵다 / 숙박하다

751	宿泊〈する〉（しゅくはく） 명 숙박〈하다〉	交通費と宿泊代で、5万円くらいかかる。 교통비와 숙박비로 5만 엔 정도 든다.
752	滞在〈する〉（たいざい） 명 체류〈하다〉	アメリカに滞在中、友だちと会う予定だ。 미국에 체류하는 동안 친구와 만날 예정이다.
753	団体（だんたい） 명 단체	団体で旅行するときは、時間を守ってください。 단체로 여행할 때는 시간을 지켜주십시오.

↔ 個人   ➕ 団体旅行 단체 여행

754	ツアー 명 투어	母と日帰りのバスツアーに参加した。 어머니와 당일치기 버스 투어에 참가했다.

➕ 日帰りツアー 당일 투어 / 여행・温泉ツアー 온천 투어

Chapter 7

755 あちこち
명 여기저기 / 곳곳

留学中、日本のあちこちを旅行した。
유학 중에 일본 곳곳을 여행했다.

= あちらこちら

756 観光〈する〉
かんこう
명 관광 < 하다 >

出張ではなく、観光でヨーロッパに行きたい。
출장이 아니라 관광으로 유럽에 가고 싶다.

➕ 観光客 관광객・観光地 관광지・観光スポット 관광 명소

757 費用
ひよう
명 비용

家族みんなで旅行すると、費用がかかる。
가족이 함께 여행하면 비용이 든다.

758 予算
よさん
명 예산

一人10万円の予算で、海外旅行を考えている。
한 사람에 10만 엔 예산으로 해외여행을 생각하고 있다.

759 集合〈する〉
しゅうごう
명 집합 < 하다 >

空港のロビーに、10時に集合してください。
공항 로비에 10시에 집합해 주세요.

760 解散〈する〉
かいさん
명 해산 < 하다 >

帰りは空港で解散する。
돌아올 때는 공항에서 해산한다.

761 旅館
りょかん
명 여관

あの旅館に、ぜひ泊まってみたい。
그 여관에 꼭 숙박해 보고 싶다.

762 五つ星ホテル
いつぼし
명 오성급 호텔

初めて五つ星ホテルに泊まる。
처음으로 오성급 호텔에 숙박한다.

➕ 三つ星レストラン 미쉐린 가이드 3(쓰리) 스타 레스토랑

763 満室
まんしつ
명 만실

あのホテルは満室で、予約できなかった。
그 호텔은 만실로 예약할 수 없었다.

Section 1

764 チェックイン〈する〉
この旅館は、3時以降にチェックインできる。
명 체크인 < 하다 >
이 여관은 3시 이후에 체크인할 수 있다.

↔ チェックアウト〈する〉

765 近づく
帰る日が近づくと、さびしくなる。
동 가까워지다
돌아가는 날이 가까워지면 섭섭해진다.

766 取り消す
体の具合がよくないので、予約を取り消した。
동 취소하다
몸 상태가 좋지 않기 때문에 예약을 취소했다.

= キャンセルする ＋ 取り消し 취소

767 追加〈する〉
東京行きの切符を、1枚追加できますか。
명 추가 < 하다 >
도쿄행 티켓을 한 장 추가할 수 있습니까?

768 持ち物
忘れ物がないか、持ち物をチェックする。
명 소지품
분실물이 없는지 소지품을 체크한다.

769 足りる
行きたい場所が多くて、4日では足りない。
동 충분하다
가고 싶은 곳이 많아서 4일로는 부족하다.

770 スーツケース
お土産をたくさん買って、スーツケースが重い。
명 슈트케이스 / 가방
선물 (토산품) 을 많이 사서 슈트케이스가 무겁다.

771 使用〈する〉
このカードは、日本では使用できない。
명 사용 < 하다 >
이 카드는 일본에서는 사용할 수 없다.

772 船旅
私は一度も船旅をしたことがない。
명 유람선 여행 / 배를 타고 하는 여행
나는 한 번도 배를 타고 여행을 한 적이 없다.

＋ 船便 선편 / 배편 / 선박 교통

Chapter 7

773 時差 (じさ)
명 시차

日本に戻ってから、時差でずっと眠い。
일본에 돌아온 후 시차로 계속 졸린다.

➕ **時差ぼけ** 시차증 (시차로 인한 피로)

774 両替 〈する〉 (りょうがえ)
명 환전 < 하다 >

両替は、空港でもホテルでもできる。
환전은 공항에서도 호텔에서도 할 수 있다.

775 ドル
명 달러

日本円をドルに両替して、海外へ持って行く。
엔화를 달러로 환전하여 해외에 가지고 간다.

➕ **ユーロ** 유로 (유럽 연합 (EU) 의 공식 통화)・**ポンド** 파운드・**元** (げん) 위안 (중국 화폐 단위)

776 来日 〈する〉 (らいにち)
명 일본에 오다 / 일본을 방문하다

来月、友だちが初めて来日する。
다음 달에 친구가 처음 일본에 온다.

🟰 **訪日 〈する〉** (ほうにち)

Section 2

스포츠

スポーツ

777	競争〈する〉 きょうそう	子どものころから<u>競争</u>が好きだった。
명	경쟁 < 하다 >	어렸을 때부터 경쟁을 좋아했다.
778	活躍〈する〉 かつやく	有名なサッカーチームに入って<u>活躍</u>したい。
명	활약 < 하다 >	유명한 축구팀에 들어가 활약하고 싶다.
779	ウェア	スポーツを始めるなら、まず<u>ウェア</u>が必要だ。
명	웨어 (옷)	스포츠를 시작하려면 우선 스포츠 웨어가 필요하다.

➕ スポーツウェア 스포츠 웨어・メンズウェア 남성복・レディースウェア 여성복

780	ける	試合に出たが、ボールを<u>ける</u>チャンスがなかった。
동	(공 등을) 차다	경기에 나갔지만 공을 찰 기회가 없었다.
781	ホームラン	これで、今日3本目の<u>ホームラン</u>だ。
명	홈런	이것으로 오늘 3 번째 홈런이다.
782	打つ う	兄が初めてのヒットを<u>打った</u>。
동	치다	형 / 오빠가 첫 안타를 쳤다.
783	前半 ぜんはん	サッカーの試合の<u>前半</u>は、0点で終わった。
명	전반전	축구 경기의 전반전은 0 점으로 끝났다.

↔ 後半 こうはん

Chapter 7

784	ポイント	両チーム、どちらも強くて、なかなか<u>ポイント</u>が入らない。
명	포인트(경기의 득점)	양 팀 모두 강해서 좀처럼 포인트가 들어가지 않는다.

👉 "点" 이라고도 함

785	引き分け	昨日のサッカーの試合は、<u>引き分け</u>だった。
명	무승부	어제 축구 경기는 무승부였다.

786	運動会	10月に、学校で<u>運動会</u>がある。
명	운동회	10월에 학교에서 운동회가 있다.

787	大声	<u>大声</u>で、兄のチームを応援した。
명	큰 소리	큰 소리로 형/오빠의 팀을 응원했다.

788	思い切り	今日は<u>思い切り</u>やって、優勝しよう。
부	마음껏 하기 / 실컷 하기	오늘은 과감히 해서 우승하자.

➕ 思い切る 마음껏 하다

789	ペース	あの選手は30キロ走っても、<u>ペース</u>が落ちない。
명	페이스(속도)	저 선수는 30킬로 달려도 페이스가 떨어지지 않는다.

➕ マイペース 마이 페이스(자기 나름의 방식/속도) • ハイペース 하이 페이스(진행 속도가 빠름)

790	ゴール〈する〉	マラソンで、5時間かかって<u>ゴールした</u>。
명	골인〈하다〉	마라톤에서 5시간 걸려 골인했다.

Section 2

791	拍手〈する〉 はくしゅ	最後の選手がゴールしたとき、みんなが大きな拍手を送った。
명	박수 < 치다 / 보내다 / 하다 >	마지막 선수가 골인했을 때 모두가 큰 박수를 보냈다.

792	ライバル	ライバルには、ぜったいに負けたくない。
명	라이벌	라이벌한테는 절대로 지고 싶지 않다.

≡ 競争相手 きょうそうあいて

793	握手〈する〉 あくしゅ	試合のあとで、相手の選手と握手した。
명	악수 < 하다 >	경기 후 상대 선수와 악수했다.

794	惜しい お	1秒の違いで負けるなんて、本当に惜しい。
イ형	아깝다 / 애석하다 / 분하다	1초 차이로 지다니 정말 분하다.

795	すばやい	弟はすばやくて、サッカーが得意だ。
イ형	재빠르다	남동생은 재빠르고 축구를 잘한다.

796	体操〈する〉 たいそう	小学生のときは、体操クラブに入っていた。
명	체조 < 하다 >	초등학생 때는 체조 클럽에 가입했었다.

➕ 新体操 신체조
しんたいそう

797	トレーニング〈する〉	毎日授業のあと、3時間トレーニングしている。
명	트레이닝 / 훈련 / 연습 < 하다 >	매일 수업 후 3시간 트레이닝하고 있다.

798	日課 にっか	私の日課は、朝のジョギングだ。
명	일과	내 일과는 아침 조깅이다.

Chapter 7

799	キャプテン	高校3年のとき、キャプテンだった。
명	팀 주장	고등학교 3학년 때 주장이었다.
800	プロ	弟は、プロのスポーツ選手になるのが夢だ。
명	프로	남동생은 프로 스포츠 선수가 되는 것이 꿈이다.

= プロフェッショナル　↔ アマ（チュア）

801	プレー〈する〉	大好きな選手が、アメリカでプレーしている。
명	플레이 / 활약<하다>	좋아하는 선수가 미국에서 활약하고 있다.

➕ ファインプレー　파인플레이 (경기에서 선수가 보여 주는 멋지고 훌륭한 기술)

802	ファン	私は彼の大ファンで、ずっと応援している。
명	팬	나는 그의 열렬한 팬으로 계속 응원하고 있다.
803	引退〈する〉	好きなラグビー選手が引退してしまった。
명	은퇴<하다>	좋아하는 럭비 선수가 은퇴해 버렸다.
804	水着	新しい水着を旅行に持って行った。
명	수영복	새로운 수영복을 여행에 가져갔다.

Section 3

패션

ファッション

805	おしゃれ 〈な / する〉	学生時代から<u>おしゃれ</u>が大好きだった。(名) 渋谷は<u>おしゃれな</u>街だ。(ナ形)
명 ナ형	멋부림 / 치장 / 꾸미기＜하다＞	학창 시절부터 멋을 부리는 것을 아주 좋아했다. 시부야는 세련된 거리다.
806	好む	姉はイタリアのバッグを<u>好んで</u>買っている。
동	좋아하다	언니 / 누나는 이탈리아 가방을 즐겨 산다.
807	好み	このコートは、色もデザインも私の<u>好み</u>だ。
명	기호 / 취향	이 코트는 색상도 디자인도 내 취향이다.

➕ **タイプ** 타입 / 유형

808	流行 〈する〉	雑誌を読むと、今年の<u>流行</u>がよくわかる。
명	유행＜하다＞	잡지를 읽으면 올해 유행을 잘 알 수 있다.

➕ **流行語** 유행어 · **流行色** 유행색

809	はやり	今年はグリーンが、<u>はやり</u>のようだ。
명	유행	올해는 녹색이 유행인 것 같다.

➕ **はやる** 유행하다

👉 "流行〈する〉"와 "はやる"는 패션뿐만 아니라 질병에도 사용한다.

810	カタログ	買い物に行けないので、<u>カタログ</u>で洋服を買う。
명	카탈로그 / 상품 목록	쇼핑을 갈 수 없기 때문에 카탈로그로 옷을 산다.
811	サンプル	デパートで、化粧品の<u>サンプル</u>をもらった。
명	샘플	백화점에서 화장품 샘플을 받았다.

🟰 **見本**

Chapter 7

812	探す さが	ずっと、こんなバッグを探していた。
동	찾다	쭉 이런 가방을 찾고 있었다.

813	似合う に あ	彼にグリーンが似合うと言われた。
동	어울리다	그가 녹색이 어울린다고 말했다.

814	ぴったり〈する〉	①このスカートは、私にぴったりのサイズだ。 ②このバッグは、私のコートにぴったりだ。
부	딱 맞다	① 이 스커트는 나에게 딱 맞는 사이즈다. ② 이 가방은 내 코트에 딱 어울린다.

👍 ① 틈이 없다 ② 맞다 / 어울리다

815	高級〈な〉 こうきゅう	友だちは、いくつも高級なバッグを持っている。 (ナ形)
명 ナ형	고급스러운	친구는 몇 개나 고급스러운 가방을 가지고 있다.

➕ 一流 일류
いちりゅう

816	ブランド	ボーナスで、ブランドのバッグを買った。
명	브랜드 / 상품 / 명품	보너스로 명품 가방을 샀다.

➕ 高級ブランド 고급 상품・有名ブランド 유명 상품
こうきゅう　　　　　　　　　　　ゆうめい

817	本物 ほんもの	あの店で売っている時計は、本物だ。
명	진짜 (물건)/ 진품	저 가게에서 팔고 있는 시계는 진짜다.

818	にせ物 もの	本物にそっくりのにせ物に注意してください。
명	가짜 (물건)/ 위조품	진짜와 거의 같은 가짜 상품에 주의하십시오.

➕ にせ札 위조지폐
さつ

819	保証〈する〉 ほしょう	この商品は、100パーセント本物だと保証します。
명	보증 < 하다 >	이 상품은 100% 진짜임을 보증합니다.

➕ 保証書 보증서
ほしょうしょ

Section 3

820 バーゲンセール
名 바겐 세일

このくつは、バーゲンセールで半額だった。
이 신발은 바겐 세일에서 반값이었다.

= バーゲン

821 取り替える
動 바꾸다 / 교환하다

このシャツは汚れているので、取り替えてください。
이 셔츠는 더러워져 있으니까 교환해 주십시오.

822 はめる
動 끼다 / 끼우다

結婚指輪は左の薬指にはめる。
결혼반지는 왼쪽 약지에 낀다.

823 外す
動 빼다 / 풀다 / 비우다 / 자리를 뜨다

①指輪を外して、なくさないように箱に入れる。
②田中部長は、席を外しています。

① 반지를 빼서 분실하지 않도록 상자에 넣는다.
② 다나카 부장님은 자리를 비우고 있습니다.

➕ ①(指輪が)外れる (반지가) 빠지다

👉 ① 몸에 지니고 있던 것을 떼어 내다 ② 자리를 뜨다 / 비우다

824 カット〈する〉
名 컷 < 하다 >/ 자르다

夏になったら、髪をカットしたい。
여름이 되면 머리를 자르고 싶다.

825 パーマ
名 파마

たまにはパーマをかけて、気分を変えよう。
가끔은 파마를 해서 분위기를 바꿔야지.

826 染める
動 염색하다

髪を明るい色に染めた。
머리를 밝은 색으로 염색했다.

827 サイズ
名 사이즈 / 크기

このデザインの、ほかのサイズはありますか。
이 디자인의 다른 사이즈는 있습니까?

Section 4
멋 부림 / 치장 / 꾸미기
おしゃれ

828	夏物 (なつもの)	暖かくなってきたので、そろそろ夏物を出そう。
명	여름옷 / 여름에 쓰는 물건	따뜻해졌으니까 이제 슬슬 여름옷을 꺼내자.

829	冬物 (ふゆもの)	暖かくなってきたので、冬物をしまおう。
명	겨울옷 / 겨울에 쓰는 물건	따뜻해졌으니까 겨울옷을 치우자.

830	上着 (うわぎ)	もう春だ。うすい上着がほしい。
명	윗옷 / 겉옷	벌써 봄이다. 엷은 겉옷이 있으면 좋겠다.

831	婦人服 (ふじんふく)	婦人服売り場は3階だ。
명	여성 의류 / 숙녀복	여성 의류 매장은 3층이다.

➕ レディース（ファッション） 여성(패션)

832	紳士服 (しんしふく)	最近は、おしゃれな紳士服が増えた。
명	남성 의류 / 신사복	최근에는 세련된 남성 의류가 늘었다.

➕ メンズ（ファッション） 남성(패션)

833	ジーンズ	私の会社では、ジーンズは禁止されている。
명	청바지	우리 회사에서는 청바지 착용은 금지되어 있다.

➕ ジーパン 청바지

834	パンツ	スカートより、パンツのスーツが好きだ。
명	바지	치마보다는 바지 정장을 좋아한다.

👉 " パンツ "는 속옷의 의미도 있다

Section 4

835 イヤリング
名 귀걸이

会社に、小さいイヤリングをして行く。
회사에 작은 귀걸이를 하고 간다.

➕ ピアス 귀걸이

836 ネックレス
名 목걸이

パーティーに、ダイヤのネックレスをして行く。
파티에 다이아몬드 목걸이를 하고 간다.

➕ ペンダント 펜던트

837 宝石（ほうせき）
名 보석

宝石は高くて買えない。
보석은 비싸서 살 수 없다.

838 スカーフ
名 스카프

ブランドのスカーフを何枚か持っている。
명품 스카프를 몇 장 가지고 있다.

839 手袋（てぶくろ）
名 장갑

今年、新しい手袋を買った。
올해 새 장갑을 샀다.

840 マフラー
名 머플러

寒い日でも、マフラーがあれば暖かい。
추운 날이라도 머플러가 있으면 따뜻하다.

841 [お]化粧〈する〉（けしょう）
名 화장〈하다〉

出かけるときは、必ず化粧をする。
외출할 때는 반드시 화장한다.

🟰 メイク〈する〉 ➕ 化粧品（けしょうひん） 화장품

👉 "メーク〈する〉"라고도 쓴다

842 口紅（くちべに）
名 입술연지 / 루주 / 립스틱

季節によって口紅を変えている。
계절에 따라 립스틱을 바꾸고 있다.

👉 "口紅"라는 뜻으로 "リップ（スティック）"를 사용하는 경우가 있다.

Chapter 7

843 まつ毛(げ)
[名] 속눈썹

彼女はまつ毛が長くて、かわいい。
그녀는 속눈썹이 길어서 귀엽다.

➕ まゆ毛(げ) 눈썹

844 ほほ
[名] 뺨

彼女のほほは、ピンクでかわいい。
그녀의 뺨은 핑크색으로 귀엽다.

🟰 ほお

845 つめ
[名] 손톱

つめの色を変えると、気分が変わる。
손톱 색을 바꾸면 기분이 달라진다.

🟰 ネイル ➕ マニキュア 매니큐어

846 香水(こうすい)
[名] 향수

この香水は少し匂いが強い。
이 향수는 약간 향이 진하다.

847 古着(ふるぎ)
[名] 헌 옷

古着が好きで、よくこの店に寄る。
헌 옷을 좋아해서 자주 이 가게에 들른다.

848 革(かわ)
[名] 가죽

このくつは、とてもいい革でできている。
이 신발은 아주 좋은 가죽으로 되어 있다.

➕ 皮(かわ) 피부

👉 "革" 가방과 신발 등에 사용하는 동물의 가죽을 말하고, "皮" 는 동물 이외에 야채와 과일 껍질 등의 표현에 사용한다.

849 ベルト
[名] 벨트

ブランドのベルトを、父(ちち)にプレゼントした。
명품 벨트를 아버지에게 선물했다.

850 そで
[名] 소매

会社の冷房が強いので、長そでを着ている。
회사 냉방이 강해서 긴소매 옷을 입고 있다.

➕ 半(はん)そで 반소매・ノースリーブ 민소매

Section 4

851	ショップ	近くに、とてもおしゃれなショップができた。
名	상점	근처에 매우 세련된 상점이 생겼다.

= 店

➕ 100円ショップ 100엔 숍・ペットショップ 애완동물 가게・

コーヒーショップ 커피숍

Section 5
취미

趣味（しゅみ）

852	気に入る	私は、この画家の絵が気に入っている。
동	마음에 들다	나는 이 화가의 그림이 마음에 든다.
853	お気に入り	ドラマで見てから、この俳優がお気に入りだ。
명	마음에 듦	드라마에서 본 이후 이 배우가 마음에 들었다.
854	芸術（げいじゅつ）	日本の芸術に興味がある。
명	예술	일본 예술에 관심이 있다.
855	絵画（かいが）	来年は、絵画教室に通うつもりだ。
명	회화 / 그림	내년에는 회화 교실에 다닐 생각이다.

➕ 画家（がか） 화가

856	才能（さいのう）	先生から、絵の才能があると言われた。
명	재능	선생님에게 그림 재능이 있다고 말을 들었다.

➕ 天才（てんさい） 천재

857	けいこ〈する〉	お茶のけいこを始めた。
명	(다도 / 꽃꽂이 / 서예 / 춤 / 악기를) 공부 / 연습〈하다〉	다도 연습을 시작했다.
858	アニメ	日本のアニメは、世界中で見られている。
명	애니메이션	일본 애니메이션은 전 세계에서 보고 있다.

🟰 アニメーション

Section 5

859	読書 〈する〉 どくしょ	通勤時間に読書をしている。
名	독서 < 하다 >	출퇴근 시간에 독서를 하고 있다.

860	おすすめ	何かおすすめの本は、ありませんか。
名	추천	무엇인가 추천할 만한 책은 없습니까?

➕ **すすめる** 권하다 / 추천하다

861	ストーリー	この小説のストーリーは、おもしろい。
名	스토리	이 소설의 이야기는 재미있다.

862	シリーズ	『スーパーマン』のシリーズは、全部見た。
名	시리즈	'슈퍼맨' 시리즈는 전부 보았다.

863	名作 めいさく	この映画は名作だから、ぜひ見てください。
名	명작	이 영화는 명작이니까 꼭 보세요.

864	登場 〈する〉 とうじょう	この映画の最後のほうで、人気俳優が登場する。
名	등장 < 하다 >	이 영화의 마지막 부분에서 인기 배우가 등장한다.

865	好奇心 こうきしん	彼は好奇心が強くて、趣味が多い。
名	호기심	그는 호기심이 강해서 취미가 많다.

866	コンクール	来年の絵画コンクールに、チャレンジするつもりだ。
名	콩쿠르 / 경연 대회 / 공모전	내년 회화 공모전에 도전할 생각이다.

➕ **コンテスト** 콘테스트 / 경기 / 경연 / 대회

867	出品 〈する〉 しゅっぴん	コンクールに出品する絵を選ぶ。
名	출품 < 하다 >	공모전에 출품할 그림을 고른다.

Chapter 7

868	演奏〈する〉 えんそう	月に1回、ピアノの<u>演奏</u>を聞きに行く。
명	연주 < 하다 >	한 달에 한 번 피아노 연주를 들으러 간다.

869	イヤホン	ジョギング中に、<u>イヤホン</u>で音楽を聞いている。
명	이어폰	조깅 중에 이어폰으로 음악을 듣고 있다.

➕ **ヘッドホン** 헤드폰

870	講演会 こうえんかい	興味があるテーマの<u>講演会</u>を聞きに行った。
명	강연회	관심 있는 주제의 강연회를 들으러 갔다.

871	サークル	大学時代から、音楽の<u>サークル</u>に入っている。
명	서클 / 동아리	대학 시절부터 음악 동아리에 가입했다.

➕ **クラブ** 클럽 ・ **サークル仲間**(なかま) 서클 동료 ・ **テニスサークル** 테니스 서클

N3
Chapter
8
건강을 위해

健康のために
けんこう

			단어 No.
1	몸	体 からだ	872 ~ 893
2	무슨 사인?	何のサイン? なん	894 ~ 915
3	증상	症状 しょうじょう	916 ~ 932
4	괜찮아?	大丈夫? だいじょうぶ	933 ~ 951
5	병원	病院 びょういん	952 ~ 974

Section 1

몸

体 (からだ)

872 身長 (しんちょう)
명 신장 / 키

妹は、私より身長が3センチ高い。
여동생은 나보다 키가 3센티 크다.

👉 신장은 "長い"이 아니고 "高い".

873 伸びる (の)
동 자라다 / 늘다 / 성장하다

弟は高校生で、まだ身長が伸びている。
남동생은 고등학생으로 아직 키가 크고 있다.

➕ (～を) 伸ばす (～을) 늘리다

874 測る (はか)
동 길이를 재다 / 측정하다

身長を測ったら、1年前より2センチ伸びていた。
키를 재 보니까 1년 전보다 2센치 더 컸다.

➕ 量る(はか) 무게를 달다

👉 "測る"은 길이 및 열, "量る"는 무게나 양에 쓴다.

875 体重 (たいじゅう)
명 체중

朝と夜、体重をチェックしている。
아침과 저녁에 체중을 체크하고 있다.

876 体重計 (たいじゅうけい)
명 체중계

新しい体重計で、家族の健康をチェックする。
새 체중계로 가족의 건강을 체크한다.

➕ はかり 저울

877 体温 (たいおん)
명 체온

私の体温は、ふだん36度ちょっとです。
나의 체온은 평소에 딱 36도입니다.

➕ 体温計(たいおんけい) 체온계

Chapter 8

878 額 (ひたい)
彼の額をさわったら、とても熱かった。
명 이마
그의 이마에 손을 대 보았더니 매우 뜨거웠다.
= おでこ (대화에 자주 사용한다)

879 血液 (けつえき)
血液を調べると、病気がわかる。
명 혈액
혈액을 검사해 보면 질병을 알 수 있다.
= 血 (ち)

880 血液型 (けつえきがた)
私の血液型はB型、彼はO型です。
명 혈액형
내 혈액형은 B 형이고 그는 O 형입니다.
+ 血液型占い (けつえきがたうらな) 혈액형 운세

881 心臓 (しんぞう)
運動すると、心臓の動きが速くなる。
명 심장
운동하면 심장의 움직임이 빨라진다.

882 汗 (あせ)
スポーツで汗をかくのは気持ちがいい。
명 땀
스포츠로 땀을 흘리는 것은 기분이 좋다.

883 息 (いき)
ゆっくり息をしてください。
명 숨
천천히 숨을 쉬십시오.

884 ため息 (いき)
また体重が増えて、ため息が出た。
명 한숨
또 체중이 늘어서 한숨이 나왔다.

885 皮ふ (ひ)
皮ふが弱いので、クリームを使っている。
명 피부
피부가 약하기 때문에 크림을 사용하고 있다.

886 顔色 (かおいろ)
今日、彼は顔色が悪い。
명 안색
오늘 그는 안색이 나쁘다.

Section 1

887 睡眠 (すいみん)
- 명 수면
- 健康のために、睡眠に気をつけている。
- 건강을 위해 수면에 신경을 쓰고 있다.
- = 眠り(ねむ) + 睡眠時間(すいみんじかん) 수면 시간・睡眠不足(すいみんぶそく) 수면 부족

888 まぶた
- 명 눈꺼풀
- 花粉症で、まぶたが赤くなった。
- 꽃가루 알레르기로 눈꺼풀이 붉어졌다.

889 丈夫な (じょうぶ)
- ナ형 튼튼한 / 튼튼하다
- 子どものころから、体が丈夫です。
- 어릴 때부터 몸이 튼튼합니다.
- 👉 사람에게도 물건에도 사용

890 歯科医 (しかい)
- 명 치과 의사
- 1年に1回、歯科医に診てもらう。
- 1년에 한 번 치과 의사의 진찰을 받는다.
- = 歯医者(はいしゃ)

891 虫歯 (むしば)
- 명 충치
- 虫歯が見つかったので、歯医者に通っている。
- 충치가 있어서 치과에 다니고 있다.

892 裸 (はだか)
- 명 알몸
- 私は子どものころ、裸で泳いでいた。
- 나는 어렸을 때 알몸으로 수영을 했다.

893 裸足 (はだし)
- 명 맨발
- 夏休みに、裸足で海岸を走った。
- 여름 방학 때에 맨발로 해변을 달렸다.

Section 2

무슨 사인?

何のサイン（なんのさいん）？

894	調子 ちょうし	ゆうべワインを飲みすぎて、今日は調子がよくない。
명	상태 / 컨디션	어젯밤 와인을 너무 마셔서 오늘은 컨디션이 좋지 않다.
895	あくび〈する〉	彼は大きなあくびをした。
명	하품 < 하다 >	그는 크게 하품을 했다.
896	しゃっくり〈する〉	しゃっくりが止まらなくなった。
명	딸꾹질 < 하다 >	딸꾹질이 멈추지 않는다.

➕ げっぷ〈する〉 트림 < 하다 >

897	よだれ	いい匂いだ。よだれが出てきた。
명	군침	좋은 냄새다. 군침이 나왔다.
898	にきび	睡眠不足で、にきびができた。
명	여드름	수면 부족으로 여드름이 생겼다.
899	気になる	最近、健康のことが気になっている。
동	걱정이 되다 / 마음에 걸리다 / 신경이 쓰이다	최근 건강이 마음에 걸린다.
900	気にする	健康は大切だが、気にしすぎるのはよくない。
동	걱정하다 / 마음에 두다 / 신경을 쓰다	건강은 중요하지만 너무 신경 쓰는 것은 좋지 않다.

Section 2

901	白髪 (しらが)	最近、白髪が急に増えてきた。
명	백발 / 흰머리	최근 흰머리가 갑자기 많아졌다.
902	抜く (ぬ)	娘に白髪を抜いてもらった。
동	뽑다	딸이 흰머리를 뽑아 주었다.

➕ (～が) 抜ける (~이) 빠지다

903	生える (は)	息子に歯が生えてきた。
동	나다	아들이 이가 났다.
904	しみ	ほほに小さなしみができた。
명	얼룩 / 기미	뺨에 작은 기미가 생겼다.
905	しわ	おでこのしわが気になる。
명	주름	이마의 주름이 신경쓰인다.
906	日焼け〈する〉(ひや)	海に行ったら、日焼けした。
명	피부를 햇볕에 태우다 / 그을리다	바다에 갔더니 피부가 햇볕에 탔다.
907	傷 (きず)	転んで、ひざに傷ができた。
명	상처	넘어져 무릎에 상처가 생겼다.
908	酔っぱらう (よ)	最近、ビール1杯で酔っぱらう。
동	술에 취하다	요즘 맥주 1잔으로 취한다.
909	酔っぱらい (よ)	忘年会の季節は、酔っぱらいが増える。
명	취객 / 주정꾼 / 술에 몹시 취한 사람	송년회 시즌은 술 취한 사람이 는다.

Chapter 8

910 ぺこぺこな	ジョギングのあとなので、おなかがぺこぺこだ。
ナ形 배가 몹시 고프다 / 머리를 숙여 굽실거리다	조깅한 후라서 배가 몹시 고프다.

911 からからな	今日は暑くて、のどがからからになった。
ナ形 바싹 마른 / 바싹 마르다	오늘은 더워서 목이 바싹 말랐다.

912 ダイエット	太ったので、ダイエットを始めようと思う。
名 다이어트	살이 쪄서 다이어트를 시작하려고 생각한다.

913 カロリー	食品のカロリーが、とても気になる。
名 칼로리	식품의 칼로리가 매우 신경 쓰인다.

➕ 低カロリー食品 저칼로리 식품

914 控える	カロリーが高い物は、できるだけ控えている。
動 삼가다 / 줄이다 / 제한하다 / 자제하다	칼로리가 높은 것은 가능한 한 삼가고 있다.

915 つい	食事のあとに、つい甘い物を食べてしまう。
副 자신도 모르게 / 무심코 / 그만	식사 후에 무심코 단것을 먹어 버린다.

Section 3

증상

症状（しょうじょう）

916	アレルギー	病院で、猫アレルギーだと言われた。
명	알레르기	병원에서 고양이 알레르기라고 했다.

➕ ほこりアレルギー 먼지 알레르기

917	花粉症	くしゃみが止まらない。花粉症かもしれない。
명	꽃가루 알레르기	재채기가 멈추지 않는다. 꽃가루 알레르기일지도 모른다.

918	うがい〈する〉	家に帰ったら、必ずうがいをしている。
명	양치질 < 하다 >	집에 돌아오면 반드시 양치질하고 있다.

➕ うがい薬 가글

919	手洗い	いつも、しっかり手洗いをしよう。
명	손 씻기 / 화장실	항상 잘 손을 씻자.

920	くしゃみ〈する〉	彼は朝からずっと、くしゃみをしている。
명	재채기 < 하다 >	그는 아침부터 계속 재채기를 하고 있다.

921	鼻水	くしゃみと鼻水が止まらない。
명	콧물	재채기와 콧물이 멈추지 않는다.

922	マスク	花粉症の季節は、マスクをする。
명	마스크	꽃가루 알레르기 계절에는 마스크를 한다.

923	つらい	今朝から熱があって、つらい。
イ형	힘든 / 힘들다 / 괴로운 / 괴롭다	오늘 아침부터 열이 있어 괴롭다.

Chapter 8

924	かゆい	花粉が多い日は、目がかゆくなる。
イ형	가려운 / 가렵다	꽃가루가 많은 날은 눈이 가려워진다.

925	かゆみ	かゆみが、だんだんひどくなってきた。
명	가려움	가려움증이 점점 심해졌다.

926	かく	かゆくても、かかないでください。
동	긁다	가려워도 긁지 마십시오.

927	こする	目をこすりすぎて、赤くなった。
동	문지르다 / 비비다	눈을 너무 문질러 붉어졌다.

928	(肩が) こる	ずっと勉強していて、肩がこった。
동	(어깨가) 결리다 / 굳다	계속 공부했더니 어깨가 굳었다.

929	肩こり	肩こりがひどいと、気持ちが悪くなる。
명	어깨 결림	어깨 결림이 심하면 기분이 나빠진다.

930	だるい	体がだるい。かぜかもしれない。
イ형	나른한 / 나른하다	몸이 나른하다. 감기일지도 모른다.

931	だるさ	少し寝たら、体のだるさが少しとれた。
명	나른함	조금 잤더니 몸의 나른함이 조금 덜어졌다.

932	マッサージ〈する〉	肩こりがひどいので、マッサージしてもらった。
명	마사지 < 하다 >	어깨 결림이 심해서 마사지를 받았다.

Section 4

괜찮아?

大丈夫（だいじょうぶ）？

933	痛み いた	体の痛みは、何かのサインだ。
명	통증 / 고통	몸의 통증은 뭔가의 사인이다.
934	頭痛 ずつう	頭痛がひどいので、今日は会社を休みます。
명	두통	두통이 심해서 오늘은 회사를 쉬겠습니다.
935	腹痛 ふくつう	腹痛がひどくて、学校に行けなかった。
명	복통	복통이 심해서 학교에 갈 수 없었다.

➕ 胃痛(いつう) 위통 / 위장 통 / 복통

936	はげしい	はげしい頭痛がしたので、病院で診てもらった。
イ형	격렬한 / 격렬하다 / 심하다	심한 두통 때문에 병원에서 진찰받았다.
937	異常〈な〉 いじょう	医者に診てもらったが、異常はなかった。（名） この痛みは異常だ。（ナ形）
명 ナ형	이상 < 하다 >	의사한테 진찰을 받았지만 이상은 없었다. 이 통증은 정상이 아니다.

↔ 正常(せいじょう)〈な〉

938	めまい	急に立ち上がったら、めまいがした。
명	현기증	갑자기 일어섰더니 현기증이 났다.
939	やけど〈する〉	なべのお湯でやけどした。
명	화상	냄비의 끓는 물에 화상을 입었다.

Chapter 8

940	吐く は	晩ごはんに食べた物を吐いてしまった。
동	토하다	저녁으로 먹은 것을 토해 버렸다.

941	吐き気 は け	吐き気がするので、何も食べられない。
명	메스꺼움 / 구역질	구역질 때문에 아무것도 먹을 수 없다.

942	(痛みが)とれる いた	薬を飲んでも、なかなか痛みがとれない。
동	(통증이) 사라지다	약을 먹어도 좀처럼 통증이 사라지지 않는다.

➕ (痛みを)とる (고통을) 없애다

943	インフルエンザ	全国で、インフルエンザが流行している。
명	인플루엔자 / 독감	전국에서 인플루엔자가 유행하고 있다.

944	ウイルス	今年のインフルエンザのウイルスは、とても強いようだ。
명	바이러스	올해의 독감 바이러스는 매우 강한 것 같다.

945	ふるえる	寒くて、体がふるえた。
동	떨리다	추워서 몸이 떨렸다.

946	うなる	ゆうべは39度の熱があって、ずっとうなっていた。
동	신음하다	어젯밤은 39도의 열이 있어 계속 끙끙거렸다.

947	苦しむ くる	早く病院に行けば、こんなに苦しまなかったのに。
동	괴로워하다 / 고통을 느끼다 / 고생하다	빨리 병원에 갔으면 이렇게 고생하지 않았을 텐데.

948	しびれる	手と足が少ししびれている。
동	(근육 뼈마디 등이) 저리다	손과 발이 약간 저린다.

➕ しびれ 마비 / 손발이 저림

Section 4

949 部分 (ぶぶん)
[명] 부분

頭の、どの部分が痛いですか。
머리의 어느 부분이 아픈가요?

↔ 全体 (ぜんたい)

950 骨折 〈する〉 (こっせつ)
[명] 골절 < 하다 >

バレーボールで、右手の中指を骨折した。
배구를 하다가 오른손 가운뎃손가락을 골절했다.

951 さわる
[동] 손대다 / 만지다

そこは痛いから、さわらないで。
거기는 아프니까 만지지 말아요.

Section 5

병원

病院（びょういん）

952	患者 かんじゃ	この病院は、高齢の患者が多い。
명	환자	이 병원은 고령의 환자가 많다.

➕ 入院患者（にゅういんかんじゃ） 입원 환자

953	診察〈する〉 しんさつ	鈴木先生は診察中です。
명	진찰＜하다＞	스즈키 선생님은 진찰 중입니다.

➕ 診察室 진찰실・診察時間 진찰 시간・診察券 진찰권

954	検査〈する〉 けんさ	大きな病院で検査したほうがいいですよ。
명	검사＜하다＞	큰 병원에서 검사하는 것이 좋아요.

➕ 検査入院 검사 입원

955	治療〈する〉 ちりょう	兄は、けがの治療のために入院している。
명	치료＜하다＞	오빠/형은 부상 치료를 위해 입원해 있다.

➕ 治療費 치료비・治療方法 치료 방법

956	健康診断 けんこうしんだん	毎年、健康診断を受けている。
명	건강 진단	매년 건강 검진을 받고 있다.

957	内科 ないか	かぜをひいたら、内科に行く。
명	내과	감기에 걸리면 내과에 간다.

958	外科 げか	けがをしたので、外科で診てもらった。
명	외과	부상을 입어서 외과에서 진단을 받았다.

Section 5

959 小児科(しょうにか) 명 소아과(소아청소년과)
小児科から、子どもの泣き声が聞こえてきた。
소아과에서 아이 울음소리가 들려왔다.

960 保険(ほけん) 명 보험
病気やけがのために、保険に入った。
질병이나 부상에 대한 보험에 들었다.
➕ 生命保険(せいめいほけん) 생명 보험

961 保険証(ほけんしょう) 명 보험증
病院に、保険証を持っていくのを忘れた。
병원에 보험증을 가지고 가는 것을 잊었다.

962 効く(きく) 동 효과가 있다
この薬は、かぜによく効く。
이 약은 감기에 잘 듣는다.
➕ 効果(こうか)がある 효과가 있다

963 注射〈する〉(ちゅうしゃ) 명 주사<하다>
注射をしてもらったら、すぐに熱が下がった。
주사를 맞았더니 바로 열이 떨어졌다.

964 おんぶ〈する〉 명 어부바<하다>/등에 업다
娘をおんぶして、病院に行った。
딸을 등에 업고 병원으로 갔다.

965 だっこ〈する〉 명 안다
夫が初めて娘をだっこした。
남편이 처음으로 딸을 안았다.

966 栄養(えいよう) 명 영양
栄養のある物を食べてください。
영양가 있는 것을 드세요.

967 回復〈する〉(かいふく) 명 회복<하다>
薬が効いて、翌日には体調が回復した。
약이 효과가 있어 다음날 컨디션이 회복됐다.
➕ 悪化〈する〉(あっか) 악화<하다>

N3
Chapter
9
자연과 생활

自然と暮らし
しぜん　く

			단어 No.
1	자연	自然 しぜん	975 ～ 999
2	내일의 날씨	明日の天気 あした　てんき	1000 ～ 1023
3	더운 날과 추운 날	暑い日と寒い日 あつ　ひ　さむ　ひ	1024 ～ 1040
4	어떻게 바뀔까?	どう変わる? か	1041 ～ 1056
5	일본의 1년	日本の1年 にほん　ねん	1057 ～ 1074

Section 1

자연

自然 (しぜん)

975 豊かな (ゆた)
ナ형 — 풍부한 / 풍부하다

日本は、自然が豊かな国だ。
일본은 자연이 풍부한 나라다.

➕ 豊富 (ほうふ) な 풍부한

👉 "豊富"는 물건이 많은 모습. "豊か"는 물건뿐만 아니라 "心が豊かだ"처럼 넓은 의미에서 여유가 있다는 의미로 쓰인다.

976 資源 (しげん)
명 — 자원

資源は大切に使わなければならない。
자원은 소중히 써야 한다.

977 種類 (しゅるい)
명 — 종류

いろいろな種類の花が咲いている。
여러 종류의 꽃이 피어 있다.

978 枯れる (か)
동 — 시들다

庭のチューリップが枯れてしまった。
정원의 튤립이 시들어 버렸다.

979 散る (ち)
동 — (꽃 / 잎이) 지다 / 떨어지다

入学式の前に、さくらが散った。
입학식 전에 벚꽃이 떨어졌다.

↔ 咲く (さ)

980 草 (くさ)
명 — 풀

草の名前を本で調べた。
풀 이름을 책에서 조사했다.

➕ 雑草 (ざっそう) 잡초

981 種 (たね)
명 — 씨 / 씨앗

庭に花の種をまいた。
정원에 꽃씨를 뿌렸다.

Chapter 9

982	浮かぶ う	湖に小さな舟が浮かんでいる。
동	뜨다	호수에 작은 배가 떠 있다.

➕ 浮く 뜨다

983	太陽 たいよう	窓から太陽の光が入ってきた。
명	태양 / 해	창문에서 햇빛이 들어왔다.

➕ 日 해・日の出 일출・日の入り 일몰

984	現れる あらわ	東の空から太陽が現れた。
동	나타나다	동쪽 하늘에서 태양이 나타났다.

985	沈む しず	太陽が海に沈むとき、美しくて感動する。
동	(해/달) 이 지다 / 가라앉다	해가 바다에 질 때 아름다워 감동한다.

986	薄暗い うすぐら	太陽が沈み、薄暗くなった。
イ형	조금 어둡다 / 어둑하다	해가 져서 조금 어두워졌다.

987	穴 あな	冬の間、クマは穴の中で暮らす。
명	구멍 / 동굴	겨울 동안 곰은 동굴 속에서 산다.

988	ほる	うちの犬が、庭に穴をほった。
동	파다	우리 개가 정원에 구멍을 팠다.

989	うめる	庭に穴をほって、生ごみをうめた。
동	메우다 / 묻다	정원에 구멍을 파고 음식물 쓰레기를 묻었다.

990	土 つち	この皿は、この山の土で、できている。
명	흙	이 접시는 이 산의 흙으로 만들어졌다.

Section 1

991	岩 (いわ)	大きな岩の上に座って、海を見た。
명	바위	큰 바위에 앉아 바다를 보았다.

992	丘 (おか)	向こうの丘の上に、小さな家が見える。
명	언덕	저쪽 언덕 위에 작은 집이 보인다.

993	火山 (かざん)	日本には、火山がたくさんある。
명	화산	일본에는 화산이 많이 있다.

994	想像〈する〉(そうぞう)	ここが昔は海だったなんて、想像できない。
명	상상 < 하다 >	여기가 옛날에는 바다였다니 상상할 수 없다.

➕ 想像力(そうぞうりょく) 상상력

995	見上げる (みあ)	空を見上げると、星がいっぱいだった。
동	우러러보다 / 쳐다보다	하늘을 쳐다보니 별이 가득했다.

996	見下ろす (みお)	山の上から、町を見下ろす。
동	내려다보다	산 위에서 마을을 내려다본다.

997	ほえる	夜、動物がほえるのが聞こえた。
동	짖다 / 울부짖다	밤에 동물이 우는 소리가 들렸다.

998	しっぽ	うちの猫のしっぽは長い。
명	꼬리	우리집 고양이의 꼬리는 길다.

🟰 尾(お) (문장어 (글말))

999	さびる	海のそばに引っ越したら、車がさびた。
동	녹슬다	바다 근처에 이사했더니 차가 녹슬었다.

Section 2

내일의 날씨
明日の天気（あしたのてんき）

1000	予想〈する〉よそう	明日は雨だと予想している。
명	예상＜하다＞	내일은 비가 올 것으로 예상하고 있다.

1001	予報〈する〉よほう	明日の予報は大雨だ。
명	예보＜하다＞	내일 일기예보는 폭우다.

➕ 天気予報 일기예보

1002	湿度 しつど	今日は、とても湿度が高くなりそうだ。
명	습도	오늘은 매우 습도가 높아질 것 같다.

1003	湿気 しっけ	日本の夏は湿気が多い。
명	습기	일본의 여름은 습기가 많다.

➕ 湿る 습하다

1004	くもる	今はくもっているが、すぐに晴れるだろう。
동	구름이 끼다 / 흐리다	지금은 흐렸지만 곧 갤 것이다.

➕ くもり 흐림

1005	嵐 あらし	嵐になりそうなので、早めに家に帰ろう。
명	폭풍	폭풍이 올 것 같으니 빨리 집으로 돌아가자.

1006	強風 きょうふう	強風で木が倒れた。
명	강풍	강풍으로 나무가 쓰러졌다.

Section 2

1007 大雨(おおあめ) 명 폭우 / 호우
昨日は、大雨で出かけられなかった。
어제는 폭우로 외출할 수 없었다.
↔ 小雨(こさめ)

1008 折(お)りたたみ傘(がさ) 명 접는 우산
折りたたみ傘をバッグに入れて、出かける。
접는 우산을 가방에 넣고 나간다.

👉 우산을 생략하고 "折りたたみ" 라고만 해도 의미를 알 수 있다.

1009 (傘(かさ)を) さす 동 우산을 쓰다
雨の中、傘をさしていない人もいる。
비가 오는 데 우산을 쓰지 않은 사람도 있다.

1010 にわか雨(あめ) 명 소나기
にわか雨が降りそうなので、傘を持って行く。
소나기가 올 것 같아서 우산을 가지고 간다.

👉 "にわかに" 는 "예상할 수 없을 정도로 갑자기" 라는 의미.

1011 突然(とつぜん) 부 갑자기
突然、空が暗くなった。
갑자기 하늘이 어두워졌다.

1012 とたん [に] 명 바로 그 순간
家に帰ると、とたんに雨が降ってきた。
집에 돌아오자 바로 그 순간 비가 왔다.

1013 ぬれる 동 젖다
傘がなくて、雨にぬれた。
우산이 없어서 비에 젖었다.
➕ (〜を) ぬらす (〜을) 적시다

1014 あっという間(ま) 관 순식간에
雨はあっという間に、はげしくなった。
비는 순식간에 세차게 내렸다.

1015 止(や)む 동 (비가) 멎다 / 그치다
にわか雨なので、すぐに止むだろう。
소나기니까 곧 그칠 것이다.

Chapter 9

1016	ところどころ	昨日降った雪が、ところどころに残っている。
명	군데군데	어제 내린 눈이 군데군데 남아 있다.

1017	積もる つ	雪が積もっているので、気をつけて歩こう。
동	쌓이다	눈이 쌓여 있으니까 조심해서 걷자.

1018	快晴 かいせい	今日は快晴で、雲が一つもない。
명	쾌청	오늘은 쾌청해서 구름이 하나도 없다.

1019	かがやく	今夜は、月がかがやいている。
동	빛나다	오늘 밤은 달이 빛나고 있다.

1020	まぶしい	急に天気がよくなって、太陽がまぶしい。
イ형	눈부시다	갑자기 날씨가 좋아져서 태양이 눈부시다.

1021	のち	明日の天気は、雨のち晴れだそうだ。
명	뒤 / 다음	내일 날씨는 비가 온 다음 맑음이란다.

1022	当たる あ	この番組の天気予報は、よく当たる。
동	맞다 / 적중하다	이 프로그램의 일기예보는 잘 맞는다.

↔ 外れる
はず

1023	ふるさと	私のふるさとでは、雪がたくさん降る。
명	고향	내 고향에서는 눈이 많이 내린다.

Section 3

더운 날과 추운 날

暑い日と寒い日 (あついひとさむいひ)

1024	**蒸し暑い** (む あつ)	今日は湿度が高くて、<u>蒸し暑い</u>。
イ형	무더운 / 무덥다	오늘은 습도가 높아서 무덥다.

1025	**温度計** (おんどけい)	この<u>温度計</u>は湿度も測れる。
명	온도계	이 온도계는 습도도 측정할 수 있다.

➕ 湿度計(しつどけい) 습도계

1026	**プラス**	明日の気温は、今日と比べて<u>プラス</u>3度らしい。
명	플러스	내일 기온은 오늘과 비교해서 플러스 3도인 것 같다.

1027	**マイナス**	①今日の気温は、昨日と比べて<u>マイナス</u>10度だった。 ②明日の朝の気温は、<u>マイナス</u>になるだろう。
명	마이너스	① 오늘 기온은 어제와 비교해서 마이너스 10도였다. ② 내일 아침 기온은 마이너스가 될 것이다.

👉 ① 숫자를 빼다 / 덜어내다 ② 수학 용어 음수

👉 영하의 경우에만 "**マイナス**"라고 말한다. 0도보다 높을 때는 "**プラス**"라고 말하지 않는다.

1028	**凍る** (こお)	道が<u>凍って</u>いて、とても危ない。
동	얼다	길이 얼어서 매우 위험하다.

1029	**氷** (こおり)	夏、冷凍庫で<u>氷</u>を作っておく。
명	얼음	여름에는 냉동고에서 얼음을 만들어 둔다.

Chapter 9

1030 冷える (ひえる)
동 차가워지다 / 쌀쌀해지다

天気予報によると、夕方から冷えるらしい。
일기예보에 따르면 저녁부터 쌀쌀해지는 것 같다.

1031 けっこう
부 꽤

今週、けっこう寒い日が続いている。
이번 주 꽤 추운 날이 계속되고 있다.

1032 非常な (ひじょう)
ナ形 매우

今年の夏は、非常に暑くなりそうだ。
올여름은 매우 더워질 것 같다.

1033 夏日 (なつび)
명 더운 여름날

今日は、今年初めての夏日になった。
오늘은 올해 첫 여름 날씨가 되었다.

👉 1일 최고 기온이 25℃ 이상인 날

1034 真夏日 (まなつび)
명 한여름 날

今年は、真夏日が多いそうだ。
올해는 한여름 날이 많다고 한다.

👉 1일 최고 기온이 30℃ 이상인 날

1035 猛暑日 (もうしょび)
명 혹서(몹시 심한 더위)

猛暑日が続いているので、体に気をつけている。
혹서가 이어지고 있어 건강을 조심하고 있다.

👉 1일 최고 기온이 35℃ 이상인 날

1036 冬日 (ふゆび)
명 겨울날

冬日には、手袋もマフラーも必要だ。
겨울날에는 장갑도 머플러도 필요하다.

👉 1일 최저 기온이 0℃를 밑도는 날

1037 真冬日 (まふゆび)
명 한겨울 날

東京で、真冬日はとても珍しい。
도쿄에서 한겨울 날씨는 매우 드물다.

👉 1일 최고 기온이 0℃를 밑도는 날

Section 3

1038 暖冬 (だんとう)
명 따뜻한 겨울 / 난동

今年は暖冬で、雪が少ない。
올해는 따뜻한 겨울이라 눈이 적다.

1039 冷夏 (れいか)
명 냉하
(여름철의 이상 저온)

冷夏になると、海に行く人が減る。
냉하가 되면 바다에 가는 사람이 줄어든다.

1040 せっかく
부 모처럼

せっかくの休みなのに、天気が悪くて寒い。
모처럼의 휴일인데 날씨가 나쁘고 춥다.

Section 4

어떻게 바뀔까?

どう変わる（どうかわる）？

1041 状態 (じょうたい)
명 상태
大雨で、この川は危険な状態だ。
폭우로 이 강은 위험한 상태다.

➕ 経済状態(けいざいじょうたい) 경제 상태・心理状態(しんりじょうたい) 심리 상태

1042 変化〈する〉(へんか)
명 변화〈하다〉
旅行中、天気の変化がとても気になる。
여행 중에 날씨 변화가 매우 신경 쓰인다.

1043 一定〈する〉(いってい)
명 일정〈하다〉
最近、気温が一定している。
요즘은 기온이 일정하다.

1044 観察〈する〉(かんさつ)
명 관찰〈하다〉
弟は、雲の形を観察している。
남동생은 구름의 형태를 관찰하고 있다.

1045 次第に (しだい)
부 점차
今日の夜から、次第に天気が悪くなるらしい。
오늘 밤부터 점차 날씨가 나빠지는 것 같다.

1046 じょじょに
부 서서히
朝から、気温がじょじょに上がってきた。
아침부터 기온이 서서히 올라갔다.

1047 だんだん［と］
부 점점 / 차차
空がだんだん暗くなってきた。
하늘이 점점 어두워졌다.

1048 ますます
부 점점 / 더욱더
今週になって、ますます暑くなってきた。
이번 주에 들어와서 점점 더워졌다.

Section 4

1049 すっかり (부) 완전히
最近、暖かい日が多い。すっかり春だ。
요즘 따뜻한 날이 많다. 완전히 봄이다.

1050 一気に（いっき） (부) 단번에
12月になって、一気に寒くなった。
12월이 되자 단번에 추워졌다.

1051 一度に（いちど） (부) 한 번에 / 한꺼번에
今日は、夏と冬が一度に来たようだった。
오늘은 여름과 겨울이 한꺼번에 온 것 같았다.

1052 いっぺんに (부) 한꺼번에
2つの台風がいっぺんに来た。
2개의 태풍이 한꺼번에 왔다.

1053 いつの間にか（ま） (부) 어느새
雪がいつの間にか止んでいた。
눈이 어느새 그쳤다.

1054 温暖化（おんだんか） (명) 온난화
世界中で、温暖化が進んでいるようだ。
전 세계에서 온난화가 진행되고 있는 것 같다.

1055 えいきょう〈する〉 (명) 영향을 미치다
温暖化は、いろいろなえいきょうを与えている。
온난화는 여러 가지 영향을 미치고 있다.

1056 変な（へん） (ナ형) 이상한
最近ずっと、変な天気が続いている。
최근 계속 이상한 날씨가 이어지고 있다.

Section 5

일본의 1년

日本の1年（にほんのいちねん）

1057 祝日 / しゅくじつ
명 공휴일
日本の祝日を、カレンダーで確認する。
일본의 공휴일을 달력에서 확인한다.
= 祭日 / さいじつ

1058 年末年始 / ねんまつねんし
명 연말연시
年末年始に海外旅行をする人が多い。
연말연시에 해외여행을 하는 사람이 많다.

1059 元日 / がんじつ
명 설날
元日に友だちと神社に行った。
설날에 친구와 신사에 갔다.
➕ 元旦 / がんたん 설날

👉 元旦은 설날 아침

1060 迎える / むか
동 맞이하다
来年は、富士山で新年を迎えたい。
내년에는 후지산에서 새해를 맞이하고 싶다.

1061 年賀状 / ねんがじょう
명 연하장
年賀状が届くのを楽しみにしている。
연하장이 도착하는 것을 기대하고 있다.

1062 お年玉 / としだま
명 세뱃돈
就職してから、親にお年玉をあげている。
취업하고부터 부모에게 세뱃돈을 드리고 있다.

1063 成人の日 / せいじんひ
명 성년의 날
成人の日に、二十歳の若者が会場に集まった。
성년의 날에 스무 살이 된 젊은이가 식장에 모였다.
➕ 成人式 / せいじんしき 성인식 / 성년식

👉 1월 둘째 월요일

Section 5

1064 ひな祭り(まつ)
명 히나 마츠리

ひな祭りは女の子のお祝いだ。
히나 마츠리는 여자 아이의 축제이다.

➕ ひな人形(にんぎょう) 히나 인형

👉 3월 3일

1065 ゴールデンウイーク
명 골든 위크

4月下旬から5月の初めに、ゴールデンウイークという連休がある。
4월 하순부터 5월 초에 골든 위크라는 연휴가 있다.

👉 "GW"로 표기된다

1066 子(こ)どもの日(ひ)
명 어린이날

子どもの日に、家族で遊園地に行くつもりだ。
어린이날에 가족이 함께 유원지에 갈 예정이다.

👉 5월 5일

1067 母(はは)の日(ひ)
명 어머니날

今年の母の日に、スカーフをプレゼントした。
올해 어머니날에 스카프를 선물했다.

👉 5월의 둘째 일요일

1068 父(ちち)の日(ひ)
명 아버지날

父の日には、ネクタイを贈ることにしている。
아버지날은 넥타이를 선물하기로 했다.

👉 6월의 셋째 일요일

1069 海(うみ)の日(ひ)
명 바다의 날

去年の海の日は、朝から大雨だった。
지난 해의 바다의 날은 아침부터 폭우였다.

➕ 山(やま)の日(ひ) 산의 날 (8월 11일)

👉 7월의 셋째 월요일

1070 敬老(けいろう)の日(ひ)
명 경로의 날

デパートで、敬老の日のための贈り物を探した。
백화점에서 경로의 날을 위한 선물을 찾았다.

👉 9월의 셋째 월요일

Chapter 10

1083	世の中（よのなか） 명 세상	みんなが暮らしやすい世の中になってほしい。 모두가 살기 좋은 세상이 되길 바란다. = 社会（しゃかい）
1084	重大な（じゅうだい） ナ形 중대한 / 중대하다	車の会社が重大な発表をした。 자동차 회사가 중대한 발표를 했다.
1085	重要な（じゅうよう） ナ形 중요한 / 중요하다	今日は重要なニュースが多かった。 오늘은 중요한 뉴스가 많았다.
1086	大して（たい） 부 그다지	この番組は、日本語の勉強に大して役に立たない。 이 방송 프로그램은 일본어 공부에 그다지 도움이 되지 않는다. ➕ 大したことがない 별거 아니다 / 대단하지 않다
1087	くだらない イ形 시시하다 / 하찮다 / 쓸모없다	くだらない番組を、つい見てしまう。 시시한 방송 프로그램을 나도 모르게 본다.
1088	司会者（しかいしゃ） 명 사회자	春から、番組の司会者がかわった。 봄부터 방송 프로그램의 사회자가 바뀌었다. ➕ 司会〈する〉 사회 ＜보다＞
1089	生放送（なまほうそう） 명 생방송	生放送の途中で、何か問題が起きたらしい。 생방송 도중에 뭔가 문제가 발생한 것 같다. = ライブ ➕ 再放送（さいほうそう） 재방송
1090	商品（しょうひん） 명 상품	この商品は、とても売れている。 이 상품은 매우 잘 팔리고 있다. ➕ 新商品（しんしょうひん） 신상품

Section 1

1091 発売〈する〉 はつばい
명 발매 < 하다 >

明日、新しいゲームが発売される。
내일 새로운 게임이 발매된다.

➕ 新発売 신발매

1092 評判 ひょうばん
명 평판

新しく出版された雑誌は、評判がいい。
새로 출판된 잡지는 평판이 좋다.

1093 注目〈する〉 ちゅうもく
명 주목 < 하다 >

世界中の人が、その女優に注目している。
전 세계 사람들이 그 여배우를 주목하고 있다.

1094 ヒット〈する〉
명 히트 < 하다 >

今一番ヒットしている曲をダウンロードした。
지금 가장 히트 치고 있는 곡을 다운로드했다.

➕ ヒット曲 히트곡・ヒット作 히트작・ヒット商品 히트 상품

1095 やっぱり
부 역시

A「あの二人は結婚するそうですね。」
B「やっぱり二人は付き合っていたんですね。」

A "그 두 사람은 결혼한다고 하네요."
B "역시 두 사람은 사귀고 있었네요."

🟰 やはり (文章語(글말))

👉 대화에서 생각했던 대로였다고 말하고 싶을 때 "やっぱり"라고만 말하는 경우도 있다.

1096 まさか
부 설마

A「あの番組の司会者が、昨日入院したって。」
B「まさか。あんなに元気だったのに。」

A "그 프로그램의 사회자가 어제 입원했대요."
B "설마. 그렇게 건강했었는데…."

👉 대화에서 믿을 수 없다고 말하고 싶은 경우 "まさか"라고만 말하는 경우도 있다.

1097 やっと
부 겨우 / 근근이 / 가까스로 / 간신히

A国とB国の問題が、やっと解決された。
A 국과 B 국의 문제가 겨우 해결됐다.

Chapter 10

1098 結局
けっきょく
부 결국

結局、この記事はうそだった。
けっきょく　　　　きじ

결국 이 기사는 거짓말이었다.

Section 2

사건

事件（じけん）

1099	怪しい (あや) **イ형** 수상한 / 수상하다	怪しい人を見たら、警察に連絡してください。 수상한 사람을 보면 경찰에 연락하십시오.
1100	恐ろしい (おそ) **イ형** 끔찍한 / 끔찍하다 / 무서운 / 무섭다	最近は、恐ろしい事件が多い。 최근에는 끔찍한 사건이 많다.
1101	暴れる (あば) **동** 난폭하게 굴다	この近くで、男が暴れていたらしい。 이 근처에서 남자가 난동을 부리고 있었던 것 같다. ➕ **暴力**(ぼうりょく) 폭력
1102	争う (あらそ) **동** 다투다	夜中に、男性と女性が争う声が聞こえた。 한밤중에 남자와 여자가 다투는 소리가 들렸다. ➕ **争い**(あらそい) 다툼 / 싸움・**言い争い**(いあらそい) 말다툼
1103	犯罪 (はんざい) **명** 범죄	あの町は犯罪が多い。 그 거리는 범죄가 많다.
1104	発見者 (はっけんしゃ) **명** 발견자	警察は、怪しいかばんの発見者に話を聞いている。 경찰은 수상한 가방 발견자에게 이야기를 듣고 있다.
1105	疑う (うたが) **동** 의심하다 / 혐의를 두다	警察に、第一発見者が疑われているようだ。 경찰에게 첫 발견자가 의심받고 있는 것 같다. ➕ **疑い**(うたがい) 의심

Chapter 10

1106	うそつき	だれも彼を<u>うそつき</u>とは思わなかった。
명	거짓말쟁이	누구도 그를 거짓말쟁이라고는 생각하지 않았다.

1107	犯人 はんにん	<u>犯人</u>は、二十歳くらいの男らしい。
명	범인	범인은 스무 살 정도의 남자인 듯하다.

1108	いたずら 〈な / する〉	子どもの<u>いたずら</u>が、大きな事件になった。(名) <u>いたずらな</u>子どもが、線路に石を置いた。(ナ形)
명 ナ형	장난치다	어린이의 장난이 큰 사건이 되었다. 장난꾸러기 아이가 선로에 돌을 놓았다.

1109	さけぶ	外で女性が大きな声で<u>さけんで</u>いる。
동	외치다	밖에서 여성이 큰 소리로 외치고 있다.

➕ さけび声 비명 소리

1110	たたく	だれかがドアを<u>たたいて</u>いる。
동	두드리다	누군가가 문을 두드리고 있다.

➕ ぶつ 마구 때리다 / 치다

1111	盗む ぬす	泥棒に指輪を<u>盗まれた</u>。
동	훔치다	도둑에게 반지를 도둑맞았다.

1112	うばう	道を歩いていて、ハンドバッグを<u>うばわれた</u>。
동	빼앗다	길을 걷다가 핸드백을 빼앗겼다.

1113	捜す さが	警察が犯人を<u>捜して</u>いる。
동	찾다	경찰이 범인을 찾고 있다.

1114	追う お	警察が犯人を<u>追って</u>いる。
동	쫓다	경찰이 범인을 쫓고 있다.

Section 2

1115	**捕まえる** つか	警察が犯人をやっと<u>捕まえた</u>。 けいさつ　はんにん　　つか
동	잡다	경찰이 범인을 겨우 잡았다.
1116	**捕まる** つか	家の近くで、犯人が<u>捕まった</u>。 いえ　ちか　　はんにん　つか
동	잡히다 / 붙잡히다	집 근처에서 범인이 붙잡혔다.
1117	**逮捕〈する〉** たいほ	犯人が<u>逮捕されて</u>、市民は安心した。 はんにん　たいほ　　　しみん　あんしん
명	체포 < 하다 >	범인이 체포되어 시민은 안심했다.
1118	**気味が悪い** き み　　わる	知らない人から電話がかかってきて、 し　　　ひと　でんわ <u>気味が悪い</u>。 き み　わる
イ형	기분 / 기색 / 기미가 나쁘다	모르는 사람에게서 전화가 걸려와서 기분이 나쁘다.
1119	**パトカー**	昨日、深夜まで<u>パトカー</u>の音が聞こえた。 きのう　しんや　　　　　　おと　き
명	순찰차	어제 심야까지 순찰차 소리가 들렸다.

➕ **救急車** 구급차
きゅうきゅうしゃ

Section 3

조심하자！

気を付けよう（きをつけよう）！

1120 （事故に）あう
동 (사고) 당하다
子どものころ、交通事故にあったことがある。
어렸을 때 교통사고를 당한 적이 있다.
👉 "あう"의 한자는 "遭う"

1121 発生〈する〉
명 발생〈하다〉
あの交差点では、毎日事故が発生している。
저 교차로에서는 매일 교통사고가 발생하고 있다.

1122 命（いのち）
명 생명
命は何よりも大切だ。
생명은 무엇보다 소중하다.

1123 救う（すくう）
동 살리다
知らない人に、命を救ってもらった。
모르는 사람이 생명을 구해주었다.

1124 そうぞうしい
イ형 시끄럽다/떠들썩하다
信号の近くが、ずいぶんそうぞうしい。
신호등 근처가 꽤 시끄럽다.
＝ さわがしい

1125 さわぐ
동 시끄럽게 소리를 내다／소란을 피우다
交差点でさわいでいる人がいる。
교차로에서 소란을 피우는 사람이 있다.

1126 現場（げんば）
명 현장
大きな音がしたので、現場に行ってみた。
큰 소리가 났기 때문에 현장에 가 보았다.

➕ **事故現場** 사고 현장・**事件現場** 사건 현장・**工事現場** 공사 현장

Section 3

1127	混乱〈する〉 こんらん	現場は、警察と多くの人で混乱している。
名	혼란〈하다〉	현장은 경찰과 많은 사람으로 혼란하다.
1128	パニック	大きな事故の現場を見て、パニックになった。
名	패닉／공황	큰 사고 현장을 보고 패닉 상태에 빠졌다.
1129	無事〈な〉 ぶじ	事故にあった人の無事が確認された。(名) いなくなった男の子が、無事に発見された。(ナ形)
名 ナ形	무사한／무사하다	사고를 당한 사람이 무사하다는 것이 확인되었다. 사라졌던 소년이 무사히 발견됐다.
1130	防ぐ ふせ	警察は、犯罪を防ぐことができなかった。
動	막다／방지하다	경찰은 범죄를 막을 수 없었다.
1131	再び ふたた	ひどい事故が再び起きてしまった。
副	다시	끔찍한 사고가 다시 발생했다.
1132	わざと	運転手は、わざと事故を起こしたのかもしれない。
副	일부러	운전자는 일부러 사고를 냈는지도 모른다.
1133	被害者 ひがいしゃ	事故の被害者は、大けがをしたらしい。
名	피해자	사고 피해자는 큰 부상을 입은 것 같다.

↔ 加害者　　＋ 被害 피해
　かがいしゃ　　　 ひがい

1134	[お]互いに たが	自転車に乗っている人も、歩いている人もお互いに注意が必要だ。
副	서로	자전거를 타고 있는 사람도 걷는 사람도 서로 주의가 필요하다.
1135	疑問 ぎもん	この事故には、いくつかの疑問がある。
名	의문	이 사고에는 몇 가지 의문이 있다.

Chapter 10

1136	飛び込む（と こ）	準備運動をしないで、海に飛び込んではいけない。
동	뛰어들다	준비 운동을 하지 않고 바다에 뛰어들면 안된다.

1137	おぼれる	一人の男性が、お酒を飲んで泳いでおぼれた。
동	물에 빠지다 / 익사하다	한 남자가 술을 마시고 수영하다 물에 빠졌다.

1138	飛び出す（と だ）	子どもが道に、飛び出さないようにしてください。
동	뛰어나오다 / 뛰어나가다	어린이가 길에 뛰어나가지 않도록 하십시오.
	➕ 飛び出し注意（と だ ちゅうい）	갑자기 뛰어나오는 어린이 주의

1139	行方不明（ゆくえ ふ めい）	山で、3人の男女が行方不明になっている。
명	행방불명	산에서 세 남녀가 행방불명이 되었다.

1140	亡くなる（な）	毎年、登山中に亡くなる人がいる。
동	돌아가시다 / 사망하다	매년 등산 중에 사망하는 사람이 있다.

1141	偶然（ぐうぜん）	それは偶然の事故だった。（名） 高校の友だちに偶然会った。（副）
명 부	우연 / 우연하다 / 우연히	그것은 우연한 사고였다. 고등학교 친구를 우연히 만났다.

Section 4

트러블
トラブル

1142	苦情(くじょう) 명 불만 / 항의	近所から苦情があったので、謝った。 이웃에서 항의가 있어서 사과했다.
		= クレーム
1143	あわただしい イ형 분주하다	ゆうべ社長が亡くなり、今日は一日あわただしい。 어젯밤 사장님이 돌아가셔서 오늘 하루 경황이 없다.
1144	あわてる 동 당황하다	バッグの中に財布が見つからず、あわてた。 가방 속에 넣어둔 지갑을 찾지 못해 당황했다.
1145	いきなり 부 갑자기	アパートの前で、いきなり名前を呼ばれた。 아파트 앞에서 갑자기 누가 (내) 이름을 불렀다.
1146	いじめ 명 왕따 / 괴롭힘	いじめは社会の問題だ。 왕따는 사회 문제다.
1147	いじめる 동 못살게 굴다 / 괴롭히다	友だちをいじめるなんて、最低だ。 친구를 괴롭히는 건 최저의 행위다.
1148	迷子(まいご) 명 미아 / 길을 잃다	日本へ来たころ、よく迷子になった。 일본에 처음 왔을 때 자주 길을 잃었다.
1149	場合(ばあい) 명 경우	迷子になった場合は、交番で聞いてください。 길을 잃어 버렸을 경우에는 파출소에서 물으세요.

Chapter 10

1150	落とす お	駅で定期券を落としたが、戻ってきた。
動	떨어뜨리다 / 잃어버리다	역에서 정기권을 잃어버렸지만 되돌아왔다.

➕ (〜が) 落ちる (~이) 떨어지다

1151	なくす	大切な書類をなくして、部長にひどく叱られた。
動	분실하다	중요한 서류를 분실해서 부장님한테 몹시 꾸중을 들었다.

➕ (〜が) なくなる (~이) 없어지다

1152	借金〈する〉 しゃっきん	親に借金をしたが、まだ半分も返していない。
名	돈을 빌리다 / 빚을 지다 / 채무<하다>	부모에게 돈을 빌렸지만 아직 절반도 갚지 않았다.

1153	ずるい	彼はずるい人だから、信じないほうがいい。
イ形	교활한 / 교활하다	그는 교활한 사람이니까 믿지 않는 것이 좋다.

1154	倒れる たお	①地震でビルが倒れた。 ②仕事のしすぎで、倒れてしまった。
動	무너지다 / 쓰러지다	① 지진으로 건물이 무너졌다. ② 일의 너무해서 쓰러져 버렸다.

➕ ① (〜を) 倒す (~을) 쓰러뜨리다 / 넘어뜨리다

👉 ① 붕괴 ② 병들다

1155	転ぶ ころ	雪の日に転んで、足の骨を折った。
動	넘어지다	눈 오는 날에 넘어져 다리 뼈가 부러졌다.

Section 4

1156 **(会社が)つぶれる**
① 箱を落として、ケーキが<u>つぶれて</u>しまった。
② 友だちの会社が<u>つぶれた</u>そうだ。

동 (회사가) 망하다 / (납작하게) 부서지다
① 상자를 떨어뜨려서 케이크가 엉망이 돼 버렸다.
② 친구의 회사가 망했다고 한다.

= ②倒産する ➕ (~を)つぶす (~을) 부수다

👍 ① 모양이 무너지다 ② 도산 / 파산하다

1157 **次々[と]**
会社で、<u>次々と</u>問題が発生した。

부 연이어
회사에서 연이어 문제가 발생했다.

1158 **停電〈する〉**
地域で<u>停電</u>があり、2時間も回復しなかった。

명 정전 < 하다 >
지역에서 정전이 있었는데 2시간이나 회복되지 않았다.

1159 **断水〈する〉**
この地域は地震で<u>断水した</u>。

명 수돗물이 끊어지다 / 단수 < 하다 >
이 지역은 지진으로 수돗물이 끊어졌다.

1160 **ゆれる**
このマンションは、地震のとき、けっこう<u>ゆれる</u>。

동 흔들리다
이 아파트는 지진 때 꽤 흔들린다.

1161 **ぐらぐら〈する〉**
地震で家具が<u>ぐらぐら</u>揺れた。

부 흔들흔들 / 동요 < 하다 >
지진으로 가구가 흔들흔들 흔들렸다.

1162 **非常口**
<u>非常口</u>は必ず確認しておきましょう。

명 비상구
비상구는 반드시 확인해 둡시다.

➕ 非常時 비상시

Section 5

데이터

データ

1163	増加〈する〉ぞうか	海外からの観光客が増加している。
명	증가<하다>	해외에서 오는 관광객이 증가하고 있다.

1164	減少〈する〉げんしょう	子どもの数は、相変わらず減少している。
명	감소<하다>	어린이의 수는 여전히 감소하고 있다.

1165	超えるこ	アンケートで「はい」と答えた人が、半分を超えた。
동	(기준을) 넘다	설문 조사에서 '예'라고 답한 사람이 절반을 넘었다.

1166	ピーク	今日の暑さが、今年のピークと言えるだろう。
명	피크(최고조/절정)	오늘의 더위가 올해의 피크라고 말할 수 있겠다.

1167	越えるこ	インフルエンザはピークを越えたようだ。
동	넘다 / 초과하다	인플루엔자는 피크를 넘은 것 같다.

1168	全体ぜんたい	全体の80パーセントの人が、反対だと答えた。
명	전체	전체의 80% 사람들이 반대라고 대답했다.

➕ 全体的な ぜんたいてき 전체적인

1169	かなり	かなりの人が賛成していないことがわかった。
부	꽤 / 상당수	상당수의 사람들이 찬성하지 않는 것을 알았다.

1170	信用〈する〉しんよう	このデータは信用できる。
명	신용<하다>	이 데이터는 신용할 수 있다.

Section 5

1171	**失う** うしな	彼は重要なデータを消してしまい、信用を失った。	
동	잃다	그는 중요한 데이터를 지워 버려서 신용을 잃었다.	
1172	**正常〈な〉** せいじょう	このパソコンは正常に動いている。(ナ形)	
명 ナ형	정상인 / 정상이다	이 컴퓨터는 정상적으로 작동하고 있다.	
1173	**不景気〈な〉** ふけいき	もう何年も不景気が続いている。(名) 不景気な社会を変えたい。(ナ形)	
명 ナ형	불경기인 / 불경기이다	벌써 몇 년이나 불경기가 계속되고 있다. 불경기인 사회를 바꾸고 싶다.	
1174	**円高** えんだか	円高で、損をする人も得をする人もいる。	
명	엔고	엔고로 손해를 보는 사람도 이득을 보는 사람도 있다.	

➡ 円安
えんやす

1175	**平均〈する〉** へいきん	今回のテストの平均点は、75点だった。	
명	평균 < 하다 >	이번 테스트의 평균 점수는 75점이었다.	

➕ 平均点 평균점
へいきんてん

1176	**およそ**	合格者は、およそ20パーセントだ。	
부	약 / 대략	합격자는 약 20% 이다.	

＝ 約
やく

1177	**めちゃくちゃ 〈な〉**	この結果は、だれが見てもめちゃくちゃだ。(ナ形)	
명 ナ형	엉망진창인 / 엉망진창이다	이 결과는 누가 봐도 엉망진창이다.	

➕ **むちゃくちゃ〈な〉** 터무니없는 / 터무니없다 / 당치않은 / 당치않다

Chapter 10

1178	最も もっと	今年、<u>最も</u>ヒットした映画が発表された。
부	가장	올해 가장 히트 한 영화가 발표되었다.
1179	ついに	<u>ついに</u>、日本の人口が減り始めた。
부	마침내	마침내 일본의 인구가 줄어들기 시작했다.
1180	とうとう	<u>とうとう</u>、東京の平均気温が16度を超えた。
부	드디어	드디어 도쿄의 평균기온이 16도를 넘었다.

이것도 외우자! ❹

❌ 부정 표현　否定表現

• **不~** ＝ ~が足りない （~이 부족하다）

例) 不可能	불가능
不自然	부자연
不完全	불완전
不自由	부자유
不まじめ	불성실
不合格	불합격
不安定	불안정

• **無~** ＝ ~がない （~이 없다）

例) 無意味	무의미
無関心	무관심
無許可	무허가
無責任	무책임
無計画	무계획
無免許	무면허
無表情	무표정

• **非~** ＝ ~ではない （~가 아니다）

例) 非日常	비일상
非公開	비공개
非公式	비공식
非常識	비상식적인

Chapter 10

- **未~** =まだ~ない （아직 ~하지 않다）

例)	未使用	미사용
	未成年	미성년
	未解決	미해결
	未開発	미개발
	未経験	미경험

N3 Chapter 11

마음을 전하자!

気持ちを伝えよう！

			단어 No.
1	성격	性格 (せいかく)	1181 ~ 1208
2	기쁜 마음	うれしい気持ち (きもち)	1209 ~ 1231
3	우울한 기분	ブルーな気分 (きぶん)	1232 ~ 1251
4	어떤 느낌?	どんな感じ? (かん)	1252 ~ 1268
5	복잡한 감정	複雑な気持ち (ふくざつ きも)	1269 ~ 1287

Section 1

성격

性格（せいかく）

1181	**個性**（こせい） 명 개성	一人ひとりの<u>個性</u>を大切にしよう。 한 사람 한 사람의 개성을 소중히 하자.

➕ **個性的な**（こせいてき） 개성적인

1182	**まじめ〈な〉** 명/ナ형 성실한 / 성실하다	彼は、とても<u>まじめな</u>会社員だ。(ナ形) 그는 매우 성실한 회사원이다.
1183	**働き者**（はたらもの） 명 일꾼 / 부지런한 사람	私の母は<u>働き者</u>だ。 우리 어머니는 부지런한 사람이다.
1184	**正直〈な〉**（しょうじき） 명/ナ형 정직한 / 정직하다	うそはいけません。<u>正直に</u>言いなさい。(ナ形) 거짓말은 안 됩니다. 정직하게 말하십시오.

➕ **正直者**（しょうじきもの） 정직한 사람

1185	**素直な**（すなお） ナ형 솔직한	弟は、とても<u>素直な</u>性格だ。 남동생은 매우 솔직한 성격이다.
1186	**積極的な**（せっきょくてき） ナ형 적극적인	会社では、<u>積極的に</u>仕事をしている。 회사에서는 적극적으로 일을 하고 있다.
1187	**消極的な**（しょうきょくてき） ナ형 소극적인	彼は<u>消極的な</u>タイプだ。 그는 소극적인 타입이다.
1188	**ほがらかな** ナ형 명랑한	<u>ほがらかな</u>人と一緒にいると、楽しくなる。 명랑한 사람과 함께 있으면 즐거워진다.

Chapter 11

1189 イ形	人なつこい ひと 붙임성이 있다	彼女は人なつこいので、先輩にかわいがられる。 그녀는 붙임성이 있기 때문에 선배에게 귀여움을 받는다.

= 人なつっこい

1190 ナ形	おだやかな 온화한 / 온화하다	彼はおだやかなので、みんなに好かれる。 그는 온화한 성격이어서 모두에게 사랑받는다.
1191 ナ形	のん気な き 성격이 낙관적인 / 느긋한 / 한가한	のん気に遊んでいないで、勉強しなさい。 한가하게 놀지 말고 공부하십시오.
1192 イ形	おとなしい 온순하다 / 얌전하다	姉は、会社ではおとなしいらしい。 언니 / 누나는 회사에서는 얌전한 것 같다.
1193 イ形	そそっかしい 덜렁대다	田中さんはそそっかしくて、1日に3回はミスる。 다나카 씨는 덜렁대서 하루에 3번은 실수한다.
1194 ナ形	いいかげんな 엉터리 / 성의 없이 / 무책임한	いいかげんな返事をしてはいけません。 무책임한 답변을 해서는 안 됩니다.
1195 名 ナ形	意地悪〈な〉 いじわる 심술궂은 / 심술궂다	意地悪をするのは、やめなさい。(名) 意地悪な人は嫌われる。(ナ形) 심술궂은 짓을 하는 것은 삼가십시오. 심술궂은 사람은 모두가 싫어한다.
1196 名 ナ形	わがまま〈な〉 제멋대로 / 이기적이다 / 버릇없다	わがままを言わないでください。(名) 彼女はわがままな性格だ。(ナ形) 자기 고집을 피우지 마십시오. 그녀는 이기적인 성격이다.

Section 1

1197 勝手〈な〉 かって
名/ナ形
제멋대로 / 마음대로

勝手に人のノートを見ないでください。(ナ形)
멋대로 남의 노트를 보지 마십시오.

1198 図々しい ずうずう
イ形
뻔뻔한 / 뻔뻔하다

彼は、勝手に人の辞書を使う。図々しい人だ。
그는 멋대로 다른 사람의 사전을 사용한다. 뻔뻔한 사람이다.

1199 生意気〈な〉 なまいき
名/ナ形
건방진 / 건방지다

彼女は生意気だが、嫌いじゃない。(ナ形)
그녀는 건방지지만 싫지 않다.

1200 けち〈な〉
名/ナ形
인색한 / 인색하다

彼はけちだから、ごちそうしてくれない。(ナ形)
그는 인색해서 사람들에게 음식을 대접해 주지 않는다.

1201 しつこい
イ形
집요하다

彼はしつこいから、きっとあきらめないだろう。
그는 집요하기 때문에 필시 포기하지 않을 것이다.

1202 鋭い するど
イ形
날카로운 / 예민한 / 날카롭다 / 예민하다

①彼は鋭いナイフを探している。
②母は鋭いので、私のうそに気づく。
① 그는 날카로운 칼을 찾고 있다.
② 어머니는 예민해서 내 거짓말을 알아챈다.

👉 ① 예리하다 ② 감각이 뛰어나다

1203 鈍い にぶ
イ形
둔한 / 둔하다

父は鈍いから、はっきり言わないとわからない。
아버지는 둔하니까 분명하게 말하지 않으면 모른다.

1204 単純〈な〉 たんじゅん
名/ナ形
단순한 / 단순하다

①彼は単純な計算ミスをした。(ナ形)
②彼は単純なところがある。(ナ形)
① 그는 단순한 계산 실수를 했다.
② 그는 단순한 점이 있다.

👉 ① 복잡하지 않다 ② 사고 방식이 단순하다.

Chapter 11

1205 オーバーな
ナ形 과장된 / 도를 넘은

あの人は何でも<u>オーバーに</u>言う。
그 사람은 무엇이든 과장해서 말한다.

= **大げさな**

👉 "オーバー〈する〉"에는 어느 기준을 초과한다는 의미가 있다.

1206 欠点(けってん)
명 결점

だれにでも<u>欠点</u>がある。
누구에게나 결점이 있다.

➕ **弱点(じゃくてん)** 약점

1207 くせ
명 버릇 / 습관

話しているときに髪にさわるのが私の<u>くせ</u>です。
말할 때 머리를 만지는 것이 내 버릇입니다.

➕ **口(くち)ぐせ** 입버릇

1208 器用(きよう)な
ナ形 솜씨가 좋다 / 손재주가 있다

姉は<u>器用で</u>、料理も上手だ。
언니 / 누나는 손재주가 있어 요리도 잘한다.

↔ **不器用(ぶきよう)な**

Section 2
기쁜 마음
うれしい気持ち（うれしいきもち）

1209 感情 (かんじょう)
명 감정

彼女は感情を人に見せない。
그녀는 감정을 다른 사람에게 보이지 않는다.

➕ 感情的な (かんじょうてき) 감정적인

1210 あこがれる
동 동경하다

この女優に、ずっとあこがれている。
이 여배우를 계속 동경하고 있다.

➕ あこがれ 동경

1211 うらやましい
イ형 부럽다

彼には欠点がない。本当にうらやましい。
그에게는 단점이 없다. 정말 부럽다.

1212 落ち着く (おちつく)
동 (마음이) 가라앉다 / (마음이) 진정되다

彼としゃべっていると、とても落ち着く。
그와 이야기하고 있으면 매우 차분해진다.

1213 感激〈する〉(かんげき)
명 감격 < 하다 >

彼に婚約指輪をもらって、感激した。
그에게 약혼반지를 받고 감격했다.

1214 感動〈する〉(かんどう)
명 감동 < 하다 >

この映画に、みんなが感動するだろう。
이 영화에 모두가 감동할 것이다.

1215 感心〈する〉(かんしん)
명 감탄 < 하다 >

アインさん、日本語が上手になりましたね。感心しました。
아인 씨, 일본어가 유창해졌네요. 감탄했습니다.

Chapter 11

1216	なつかしい	高校時代が、とてもなつかしい。
イ형	그리운 / 그립다	고교 시절이 너무 그립다.
1217	気軽な（きがる）	何でも気軽に相談してください。
ナ형	어렵지 않게 / 가볍게 / 부담없이	무엇이든 부담없이 상담하십시오.
1218	気楽な（きらく）	ストレスのない気楽な生活がしたい。
ナ형	홀가분한 / 평온한 / 한가한	스트레스 없는 평온한 생활을 하고 싶다.
1219	幸せ〈な〉（しあわ）	幸せは、人によって違う。（名） いろいろあったが、今は幸せな毎日だ。（ナ形）
명 / ナ형	행복 / 행복한 / 행복하다	행복은 사람에 따라 다르다. 여러 가지 일이 있었지만 지금은 행복한 나날이다.

= 幸福〈な〉(こうふく)・ハッピー〈な〉　＋ 幸い(さいわ) 다행히

1220	冗談（じょうだん）	彼の冗談は、おもしろい。
명	농담	그의 농담은 재미있다.

👍 "冗談する"라는 동사는 없으니 주의.

1221	ユーモア	ユーモアのない人と話しても、おもしろくない。
명	유머	유머가 없는 사람과 이야기해도 재미없다.
1222	ゆかいな	彼はゆかいな人だ。
ナ형	유쾌한 / 유쾌하다	그는 유쾌한 사람이다.

↔ 不ゆかいな(ふ)

1223	愛する（あい）	あの歌手は世界中で愛されている。
동	사랑하다	그 가수는 전 세계에서 사랑받고 있다.

Section 2

1224	**真剣な** しんけん	彼は彼女を真剣に愛しているらしい。 かれ　かのじょ　しんけん　あい
ナ형	진지한 / 진지하다	그는 그녀를 진지하게 사랑하고 있는 것 같다.
1225	**どきどき〈する〉**	大好きな人が近くにいると、どきどきする。 だいす　ひと　ちか
부	두근두근 < 하다 >	사랑하는 사람이 가까이에 있으면 두근두근한다.
1226	**わくわく〈する〉**	来週、日本に留学するので、わくわくしている。 らいしゅう　にほん　りゅうがく
부	두근두근 < 하다 >/ 설레다	다음 주에 일본에 유학하기 때문에 설레고 있다.
1227	**ほっと〈する〉**	試験に合格して、ほっとした。 しけん　ごうかく
부	안심 < 하다 >	시험에 합격하여 안심했다.
1228	**のんびり〈する〉**	将来は、いなかでのんびり暮らしたい。 しょうらい　く
부	한가로이	장래에는 시골에서 한가로이 살고 싶다.
1229	**ほほえむ**	彼女がほほえむと、みんなが幸せな気持ちになる。 かのじょ　しあわ　きも
동	미소짓다	그녀가 미소지으면 모두가 행복한 기분이 된다.

➕ ほほえみ 미소・**スマイル** 스마일・**笑顔** 미소
　　　　　　　　　　　　　　　　えがお

1230	**夢中〈な〉** むちゅう	妹はおしゃれに夢中だ。（ナ形） いもうと　　　　　むちゅう
명 ナ형	열중이다 / 푹 빠지다	여동생은 멋부리기에 정신이 없다.
1231	**勇気** ゆうき	勇気を持って、チャレンジしよう。 ゆうき　も
명	용기	용기를 가지고 도전하자.

Section 3

우울한 기분

ブルーな気分（きぶん）

1232	あきる	このドラマには、もうあきてしまった。
동	싫증이 나다	이 드라마는 이제 싫증이 났다.

1233	嫌がる (いや)	息子は家の手伝いを嫌がる。
동	싫어하다	아들은 집안일을 돕는 것을 싫어한다.

1234	落ち込む (お こ)	友だちに悪口を言われて落ち込んだ。
동	침울해지다	친구에게 험담을 듣고 침울해졌다.

1235	がっかり〈する〉	試験の結果が悪くて、がっかりした。
부	실망 / 낙담 〈하다〉	시험 결과가 나빠서 낙담했다.

1236	悲しむ (かな)	大きな事故が起きて、国中が悲しんでいる。
동	슬퍼하다	큰 사고가 일어나 온 나라가 슬퍼하고 있다.

↔ 喜ぶ(よろこ)　➕ 悲しみ(かな) 슬픔

1237	かわいそうな	この地域の子どもたちは学校に行けない。かわいそうだ。
ナ형	불쌍한	이 지역의 아이들은 학교에 갈 수 없다. 불쌍하다.

1238	気の毒な (き どく)	気の毒な人たちに、元気を与えたい。
ナ형	딱한 / 가엾은 / 곤란에 처한	곤란에 처한 사람들에게 힘을 주고 싶다.

Section 3

1239 きつい — イ形
힘들다 / 꼭 끼다
① このくつはきつくて、はけない。
② このバイトはきつい。
① 이 신발은 꼭 껴서 신을 수 없다.
② 이 아르바이트는 힘들다.
👍 ① 틈이 없다 ② 힘들다

1240 恐怖（きょうふ） — 명
공포
こんな恐怖は経験したことがない。
이런 공포는 경험한 적이 없다.
➕ 恐怖心（きょうふしん） 공포심 · 恐怖映画（きょうふえいが） 공포 영화

1241 ショック — 명
쇼크 / 충격
親友の言葉に、ひどいショックを受けた。
친구의 말에 심한 충격을 받았다.

1242 後悔〈する〉（こうかい） — 명
후회 < 하다 >
高いバッグを買って、後悔している。
비싼 가방을 사서 후회하고 있다.

1243 悩む（なやむ） — 동
고민하다
一人で悩んでいないで、話を聞かせてください。
혼자 고민하지 말고 이야기를 들려주세요.

1244 悩み（なやみ） — 명
고민
悩みがあるなら、私に相談してほしい。
고민이 있으면 나에게 상담하기 바란다.

1245 不安〈な〉（ふあん） — 명 / ナ形
불안 < 한 >
明日入学試験を受ける。不安でいっぱいだ。(名)
不安なときは、私に話してください。(ナ形)
내일 입학 시험을 본다. 불안감으로 가득하다.
불안할 때는 나에게 이야기하십시오.
↔ 安心〈な〉（あんしん）

1246 迷惑〈な / する〉（めいわく） — 명 / ナ形
폐 / 골치 아픈 / 귀찮음 / 골치 아프다
いろいろと、ご迷惑をおかけしました。(名)
近所に迷惑な人がいる。(ナ形)
여러 가지로 폐를 끼쳤습니다.
이웃에 골치 아픈 사람이 있다.

Chapter 11

1247	面倒〈な〉 めんどう	小さい妹の面倒をみている。(名) 面倒なことは、先にやったほうがいい。(ナ形)
명 ナ형	돌봄 / (번잡하고) 성가신	어린 여동생을 돌보고 있다. 성가신 일은 먼저 하는 편이 좋다.

1248	面倒くさい めんどう	この仕事は時間がかかって、面倒くさい。
イ형	귀찮은	이 일은 시간이 걸려 귀찮다.

1249	ぶつぶつ	彼は、いつもぶつぶつ言っている。
부	투덜투덜	그는 항상 투덜거린다.

1250	いちいち	父は、細かいことをいちいち私に注意する。
부	일일이	아버지는 세세한 것을 일일이 나한테 주의를 준다.

1251	やかましい	①外で、工事の音がやかましい。 ②父は私の生活について、やかましく言う。
イ형	시끄럽다 / 성가시다	① 밖에서 공사 소리가 시끄럽다. ② 아버지는 내 생활에 대해 성가시게 말한다

👉 ① 시끄러운 ② 세세한 것까지 말해 시끄럽다

Section 4

어떤 느낌?
どんな感じ（かんじ）？

1252 ☐	**心から** こころ 부 진심으로	先生には、心から感謝しています。 선생님께는 진심으로 감사하고 있습니다.
1253 ☐	**祈る** いの 동 기원하다	みんなの無事を、心から祈っている。 모두가 무사하기를 진심으로 기원하고 있다.

➕ **祈り** 기원
いの

1254 ☐	**希望〈する〉** きぼう 명 희망〈하다〉	彼は海外勤務を希望している。 그는 해외 근무를 희망하고 있다.

➕ **望む** 원하다 · **望み** 희망
のぞ　　　　　　　のぞ

1255 ☐	**願う** ねが 동 원하다	合格を願って、有名な神社に行った。 합격을 기원하러 유명한 신사에 갔다.
1256 ☐	**願い** ねが 명 소원	この願いが彼女に届きますように。 이 소원이 그녀에게 닿기를.

👉 "~ますように"는 자신의 소원을 말할 때의 표현.

1257 ☐	**感じる** かん 동 느끼다	彼女の言葉に愛情を感じた。 그녀의 말에 애정을 느꼈다.
1258 ☐	**あいまいな** ナ형 애매한/애매하다	日本語には、あいまいな表現が多い。 일본어에는 애매한 표현이 많다.
1259 ☐	**案外** あんがい 부 의외	彼はいい人そうだが、案外わがままだ。 그는 좋은 사람인 것 같지만 의외로 자기중심적이다.

214

Chapter 11

➕ **意外な** 의외인 · **意外と** 의외로

👉 "案外と" 도 사용

1260 ☐	**うっかり〈する〉**	うっかり玄関のかぎをかけるのを忘れた。
부	무심코 / 깜빡 <하다>	깜빡 현관 열쇠를 잠그는 것을 잊었다.
1261 ☐	**どうか**	どうかN3の試験に合格できますように。
부	아무쪼록	아무쪼록 N3 시험에 합격 할 수 있기를.
1262 ☐	**なんとか**	レポートを締め切りになんとか間に合わせたい。
부	어떻게든	보고서를 마감 내에 어떻게든 제출하고 싶다.
1263 ☐	**なんとなく**	あの映画は、なんとなくおもしろそうだ。
부	왠지 / 어쩐지	그 영화는 왠지 재미있을 것 같다.
1264 ☐	**ものすごい**	九州で、ものすごい雨が降っているようだ。
イ형	엄청난 / 엄청나다	규슈에 엄청난 비가 내리고 있는 것 같다.

👉 "すごい" 보다 더 강한 표현

1265 ☐	**わざわざ**	わざわざお見舞いに来てくれて、ありがとう。
부	일부러	일부러 병문안을 와 주셔서 감사합니다.
1266 ☐	**こっそり**	姉のバッグをこっそり借りた。
부	몰래 / 살짝 / 가만히	언니 / 누나의 가방을 몰래 빌렸다.
1267 ☐	**ふと**	昔のことを、ふと思い出した。
부	문득	옛날 일을 문득 떠 올렸다.
1268 ☐	**いったい**	あの人は、いったい何を考えているんだろう。
부	도대체	저 사람은 도대체 무슨 생각을 하고 있는 걸까?

Section 5

복잡한 감정

複雑な気持ち（ふくざつなきもち）

1269	表現〈する〉 ひょうげん	私は、気持ちをうまく表現できない。
명	표현 < 하다 >	나는 감정을 잘 표현하지 못한다.

1270	あがる	スピーチであがって、内容を忘れてしまった。
동	흥분하다 / 침착성을 잃다	스피치할 때 흥분해서 내용을 잊어버렸다.

≡ 緊張する きんちょう

1271	あせる	あせらないで、ゆっくり話してください。
동	초조해하다 / 조급해 하다	초조해 하지 말고 천천히 이야기하십시오.

➕ あせり 초조함

1272	そわそわ〈する〉	兄は朝から、そわそわしている。
부	안절부절못하다	형 / 오빠는 아침부터 안절부절못하고 있다.

1273	我慢〈する〉 がまん	おなかがすいて、もう我慢できない。
명	참다	배고파서 더는 참을 수 없다.

1274	自慢〈する〉 じまん	彼は家族のことを、よく自慢している。
명	자랑 < 하다 >	그는 가족에 대해 자주 자랑하고 있다.

1275	関心 かんしん	私は政治に、全然関心がない。
명	관심	나는 정치에 전혀 관심이 없다.

➕ 無関心〈な〉 むかんしん 무관심한 / 무관심하다

👉 " 関心する " 라는 동사가 없는 것에 주의.

Chapter 11

1276	機嫌 きげん	今日、部長は機嫌がいい。
명	기분	오늘 부장은 기분이 좋다.

➕ **不機嫌**〈な〉 심기가 언짢은 / 심기가 언짢다
  ふきげん
上機嫌〈な〉 기분이 좋은 / 심기가좋다
  じょうきげん

1277	平気〈な〉 へいき	彼は平気そうな顔をしているが、本当の気持ちはわからない。(ナ形)
명 ナ形	태연한 / 태연하다	그는 태연스러운 얼굴을 하고 있지만 진짜 마음은 모르겠다.

1278	本気〈な〉 ほんき	その人が本気かどうか、目を見ればわかる。(ナ形)
명 ナ形	진심이다	그 사람이 진심인지 아닌지 눈을 보면 알 수 있다.

1279	迷う まよ	映画館に行きたいが、道に迷ってしまった。
동	길을 잃다	영화관에 가고 싶지만 길을 잃어버렸다.

1280	迷い まよ	留学したいと思っているが、気持ちに迷いがある。
명	망설임	유학하고 싶다고 생각하지만 마음에 망설임이 있다.

1281	微妙な びみょう	うれしいのか、さびしいのか微妙な気持ちだ。
ナ形	미묘한 / 미묘하다	기쁜 것인지 슬픈 것인지 미묘한 기분이다.

1282	魅力 みりょく	彼女のきれいな目に、魅力を感じた。
명	매력	그녀의 예쁜 눈에 매력을 느꼈다.

➕ **魅力的な** 매력적인
  みりょくてき

Section 5

1283 本音(ほんね)
名 본심
日本人は、なかなか本音を言わない。
일본인은 좀처럼 본심을 말하지 않는다.
↔ 建て前(たてまえ)

1284 ましな
ナ形 나은 / 낫다
あんな人の下で働くくらいなら、辞めるほうがましだ。
저런 사람 밑에서 일할 정도라면 그만두는 편이 낫다.

1285 涙(なみだ)
名 눈물
家族を思い出して、ときどき涙が出る。
가족을 생각하면 가끔 눈물이 난다.

1286 憎む(にく)
動 미워하다
彼を愛していたが、今は憎んでいる。
그를 사랑했지만 지금은 미워하고 있다.
➕ 憎い(にく) 미운 / 밉다

1287 カウンセリング〈する〉
名 카운슬링을 하다 / 상담 〈하다〉
カウンセリングを受けると、気持ちが楽になる。
카운슬링을 받으면 마음이 편해진다.

Chapter 11

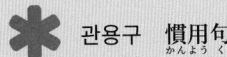
이것도 외우자! ❺

✱ 관용구 慣用句(かんようく)

例) 頭(あたま)が痛(いた)い	머리가 아프다 / 골치 아프다
頭(あたま)にくる	화가 나다 / 기분 나빠지다
腹(はら)が立(た)つ	화가 나다
目(め)にする	보다
耳(みみ)にする	정보를 듣다
鼻(はな)が高(たか)い	코가 높다 (자존심이 세다)
口(くち)に合(あ)う	입맛에 맞다
口(くち)が軽(かる)い	입이 가볍다 (비밀을 지키지 못하고 경솔하게 말을 하다)
口(くち)がかたい	입이 굳다 (비밀을 지켜 남에게 말을 하지 않는다)
首(くび)になる	해고되다
気(き)にする	걱정하다 / 마음에 두다 / 신경을 쓰다
気(き)になる	걱정이 되다 / 마음에 걸리다 / 신경이 쓰이다
愛(あい)を込(こ)めて	사랑을 담아
感謝(かんしゃ)を込(こ)めて	감사를 담아
心(こころ)を込(こ)めて	마음을 담아

N3
Chapter 12

이미지를 전하자!

イメージを伝えよう！

			단어 No.
1	디자인	デザイン	1288 ~ 1305
2	사람의 이미지	人のイメージ	1306 ~ 1330
3	물건의 이미지	物のイメージ	1331 ~ 1346
4	우리 사회	私たちの社会	1347 ~ 1368
5	국제 사회	国際社会	1369 ~ 1393

Section 1

디자인

デザイン

1288 模様 (もよう)
今年は、どんな模様の服がはやりですか。
명 모양
올해는 어떤 모양의 옷이 유행인가요?

➕ 模様替え(もようがえ) 가구나 장식을 바꿈

1289 特徴 (とくちょう)
彼女のデザインには、特徴がある。
명 특징
그녀의 디자인에는 특징이 있다.

➕ 特長(とくちょう) 특징

1290 特色 (とくしょく)
兄はいつも特色のない服装をしている。
명 특색
형/오빠는 언제나 특색 없는 복장을 하고 있다.

1291 柄 (がら)
このTシャツは10種類の柄から選べます。
명 무늬
이 티셔츠는 10종류의 무늬 중에서 고를 수 있습니다.

1292 花柄 (はながら)
花柄のスカートがほしい。
명 꽃무늬
꽃무늬 스커트를 원한다.

1293 水玉 (みずたま)
この水玉のワンピースは、とてもかわいい。
명 물방울(무늬)/땡땡이
이 물방울 무늬 원피스는 아주 귀엽다.

🟰 水玉模様(みずたまもよう)

1294 しま
しまのシャツを着ると、やせて見える。
명 줄무늬
줄무늬 셔츠를 입으면 날씬해 보인다.

🟰 しま模様(もよう)

Chapter 12

1295	**たて**	<u>たて</u>の方向に線を書いてください。
名	수직 / 세로 방향	세로 방향으로 선을 그어 주세요.

➕ **たてじま** 세로줄무늬 ・ **たて書き** 세로 쓰기

1296	**横**（よこ）	英語は<u>横</u>に書く。
名	옆	영어는 옆으로 쓴다.

➕ **横じま** 가로줄무늬 ・ **横書き** 가로 쓰기

1297	**ななめ 〈な〉**	このイラストは、<u>ななめ</u>から見ると、おもしろい。（名） 絵が<u>ななめ</u>にかかっている。（ナ形）
名 / ナ形	비스듬히 〈하다〉	이 일러스트는 비스듬히 보면 재미있다. 그림이 비스듬히 걸려 있다.

1298	**幅**（はば）	このテーブルの<u>幅</u>は、９０センチだ。
名	폭	이 테이블의 폭은 90 센티이다.

1299	**ストライプ**	細い<u>ストライプ</u>のTシャツを買った。
名	스트라이프 / 줄무늬	가는 줄무늬 티셔츠를 샀다.

1300	**無地**（むじ）	<u>無地</u>のシャツは、柄のスカートと合わせやすい。
名	무지 (전체가 한 빛깔로 무늬가 없음)	단색 셔츠는 무늬가 있는 스커트와 맞춰 입기 쉽다.

1301	**シンプルな**	今日は<u>シンプルな</u>ファッションで出かけよう。
ナ形	심플한 / 심플하다 / 간단한 / 간단하다	오늘은 심플한 패션으로 외출하자.

Section 1

1302	**真っ赤な** まか	<u>真っ赤な</u>服を着て、パーティーに行った。
ナ형	새빨간	새빨간 옷을 입고 파티에 갔다.

➕ **真っ白な** 새하얀・**真っ青な** 새파란・**真っ黒な** 새까만

👉 " 真っ~ " 는 명사나 형용사에 붙여서 " 더 이상 없는~ " 이라는 강조의 의미가 된다.

1303	**ばらばらな**	このシャツのボタンは、色もデザインも<u>ばらばらだ</u>。
ナ형	제각기 다른	이 셔츠의 단추는 색상도 디자인도 제각기 다르다.

1304	**すっきり[と]** 〈する〉	彼のスーツは細めで、<u>すっきりして</u>いる。
부	깔끔한 / 깔끔하다	그의 양복은 품이 넓지 않아 깔끔하다.

1305	**素敵な** すてき	このスカーフは、とても<u>素敵</u>です。
ナ형	멋진 / 멋지다	이 스카프는 매우 멋집니다.

Section 2

사람의 이미지
人のイメージ

1306	印象 (いんしょう)	彼に初めて会ったとき、あまり印象がよくなかった。
명	인상	그를 처음 만났을 때 별로 인상이 좋지 않았다.

➕ 第一印象(だいいちいんしょう) 첫인상・好印象(こういんしょう) 좋은 인상・印象的(いんしょうてき)な 인상적인

1307	外見 (がいけん)	彼は外見はいいが、性格に問題がありそうだ。
명	외모	그는 외모는 좋지만 성격에 문제가 있을 것 같다.

1308	様子 (ようす)	彼女は疲れた様子を、だれにも見せない。
명	모습 / 기색	그녀는 피곤한 기색을 아무에게도 보이지 않는다.

1309	表情 (ひょうじょう)	あの子は表情が豊かだ。
명	표정	그 아이는 표정이 풍부하다.

1310	姿 (すがた)	今日、田中さんの姿を見ていない。
명	모습	오늘 다나카 씨의 모습을 보지 못했다.

➕ うしろ姿(すがた) 뒷모습・着物姿(きものすがた)(和服姿(わふくすがた)) 기모노(일본 옷차림)

1311	雰囲気 (ふんいき)	彼には特別な雰囲気がある。
명	분위기	그에게는 특별한 분위기가 있다.

1312	幼い (おさな)	①彼女には幼い子どもがいる。 ②何歳になっても、あの人の考えは幼いままだ。
イ형	어린 / 어리다 / 유치한 / 유치하다	① 그녀에게는 어린 아이가 있다. ② 나이를 먹어도 그 사람의 생각은 유치한 그대로이다.

👍 ① 실제로 아직 연령이 낮다 ② 어른이지만 생각이 아이 같다

Section 2

1313 かっこいい
イ형 근사한 / 근사하다 / 멋진 / 멋지다

彼はおしゃれで、とてもかっこいい。
그는 세련되고 매우 멋지다.

↔ かっこ悪い

1314 言葉づかい
명 말투

彼は言葉づかいが悪い。
그는 말투가 나쁘다.

1315 上品な
ナ형 고상한 / 품위 있다

この女優は、言葉づかいがとても上品だ。
이 여배우는 말투가 아주 고상하다.

= エレガントな

1316 下品な
ナ형 천한 / 천하다 품위가 없다 / 품위가 없는

彼は下品な食べ方をする。
그는 품위 없이 먹는다.

1317 地味な
ナ형 수수한 / 수수하다

この服は大学生の妹には、ちょっと地味だ。
이 옷은 대학생인 여동생에게는 조금 수수하다.

1318 派手な
ナ형 화려한 / 화려하다

彼女は派手に見えるが、本当はおとなしい。
그녀는 화려하게 보이지만 사실은 얌전하다.

1319 スマートな
ナ형 날씬하다 / 세련되게 행동하다

①彼女はモデルみたいにスマートだ。
②彼は女性に対して、いつもスマートだ。

① 그녀는 모델처럼 날씬하다.
② 그는 여자에게 항상 세련되게 대한다.

👉 ① 사람이나 물건이 가늘고 멋지다 ② 행동이 세련되어 있다. "머리가 좋다"라는 의미로는 별로 사용하지 않는다.

Chapter 12

1320 美人(びじん)
[명] 미인

あんな美人は、今まで見たことがない。
저런 미인은 지금까지 본 적이 없다.

➕ 美女 미녀

1321 ハンサムな
[ナ形] 잘생긴 / 잘생기다 / 핸섬한 / 핸섬하다 / 미남자인 / 미남이다

娘は父に「パパはハンサムだね。」と言う。
딸은 아버지에게 "아빠는 미남이네."라고 말한다.

👉 여성에게는 사용하지 않는다.

1322 不思議〈な〉(ふしぎ)
[명][ナ形] 불가사의 < 하다 > / 묘하다

彼女には不思議な魅力がある。(ナ形)
그녀에게는 묘한 매력이 있다.

1323 普通〈な〉(ふつう)
[명][ナ形] 평범하다 / 보통이다

彼は普通の成績だったが、今は教授になった。(名)
あの店のラーメンの味は普通だ。(ナ形)
그는 평범한 성적이었지만 지금은 교수가 되었다.
저 가게의 라면 맛은 보통이다.

1324 さわやかな
[ナ形] 상쾌한 / 시원스런

彼のさわやかな笑顔が大好きだ。
그의 상쾌한 미소를 좋아한다.

1325 さっぱり〈する〉
[부] 산뜻한 / 산뜻하다 / 깔끔한 / 깔끔하다 / 시원스러운 / 시원스럽다

①朝、シャワーを浴びたら、さっぱりした。
②姉はさっぱりした性格だ。

① 아침에 샤워를 했더니 개운하다.
② 누나 / 언니는 시원스러운 성격이다.

👉 ① 쓸데없는 것이 없어 기분이 좋다 ② 사귀기 쉬운 성격. 또한, 요리의 맛이 진하지 않고 먹기 좋다는 의미도 있다.

Section 2

1326	にっこり［と］〈する〉	先生は会うと、にっこり笑ってくれる。
부	싱끗 (웃다)	선생님은 만나면 싱끗 웃어 준다.
1327	にこにこ〈する〉	彼女は、いつもにこにこしている。
부	싱글벙글 < 하다 >	그녀는 언제나 싱글벙글하고 있다.
1328	にやにや〈する〉	彼は、いつもにやにやしていて気持ち悪い。
부	히죽히죽 웃다 / 능글능글 맞다	그는 언제나 능글능글해서 징그럽다.
1329	いきいき［と］〈する〉	あの人は、いつもいきいきとしている。
부	생기발랄하다	그 사람은 언제나 생기발랄하다.
1330	ぺらぺら［と］	彼女は5か国語を、ぺらぺらと話す。
부	유창하게	그녀는 5 개국어를 유창하게 말한다.

Section 3

물건의 이미지

物のイメージ

1331	**表面** ひょうめん	この果物の<u>表面</u>は固いが、中はやわらかい。
명	표면	이 과일의 표면은 단단하지만 속은 부드럽다.

1332	**立派な** りっぱ	①リビングに、<u>立派な</u>テーブルが置いてある。 ②彼は<u>立派な</u>学者になった。
ナ형	훌륭한 / 대단한	① 거실에 훌륭한 테이블이 놓여 있다. ② 그는 훌륭한 학자가 되었다.

👍 ① 당당하다 / 웅장하다 ② (품질이) 뛰어나다

1333	**目立つ** めだ	彼女の服は、派手で<u>目立つ</u>。
동	눈에 띄다	그녀의 옷은 화려해서 눈에 띈다.

1334	**きらきら〈する〉**	このダイヤは小さいけれど、<u>きらきらして</u>いる。
부	반짝반짝 <하다>	이 다이아몬드는 작지만 반짝반짝한다.

1335	**ぴかぴか [と]**	クリスマスツリーが<u>ぴかぴかと</u>光っている。
부	반짝반짝 <하다>	크리스마스 트리가 반짝반짝 빛나고 있다.

1336	**異なる** こと	AとBは似ているが、微妙に<u>異なる</u>。
동	다르다	A와 B는 닮았지만 미묘하게 다르다.

1337	**ぼんやり[と]〈する〉**	遠くに山が<u>ぼんやりと</u>見える。
부	희미하다 / 멍하다 흐리다	멀리 산이 희미하게 보인다.

↔ はっきり [と] 〈する〉

Section 3

1338 大型(おおがた)
명 대형

明日、大型の台風が来るかもしれない。
내일 대형 태풍이 올지도 모른다.

↔ 小型(こがた) ＋ 大型バス 대형 버스・大型連休(おおがたれんきゅう) 큰 규모 연휴

1339 多め〈な〉(おお)
명 / ナ形 좀 많은 정도 / 넉넉하다

ミルクが多めのコーヒーが好きだ。(名)
この店のハンバーガーは、野菜が多めだ。(ナ形)
우유를 넉넉하게 넣은 커피를 좋아한다.
이 가게의 햄버거는 야채가 넉넉하다.

↔ 少なめ〈な〉(すく)

1340 大きめ〈な〉(おお)
명 / ナ形 조금 큰

子どもには、大きめの服を買ってあげる。(名)
ジャケットは、大きめなほうが着やすい。(ナ形)
아이에게는 조금 큰 옷을 사준다.
재킷은 약간 큰 것이 입기 편하다.

↔ 小さめ〈な〉(ちい)

1341 太め〈な〉(ふと)
명 / ナ形 조금 굵은 / 조금 폭이 넓은

今年の夏は、太めのパンツがほしい。(名)
ここのラーメンは太めだ。(ナ形)
올여름은 조금 폭 넓은 바지가 있으면 좋겠다.
여기 라면은 면이 굵다.

↔ 細め〈な〉(ほそ)

1342 完ぺき〈な〉(かん)
명 / ナ形 완벽한 / 완벽하다

この朝食は、栄養のバランスが完ぺきだ。(ナ形)
이 아침 식사는 영양 균형이 완벽하다.

1343 たっぷり［と］〈する〉
부 듬뿍

紅茶にミルクと砂糖をたっぷり入れる。
홍차에 우유와 설탕을 듬뿍 넣는다.

1344 多少(たしょう)
부 다소 / 약간

この商品は、サンプルと多少違う。
이 제품은 샘플과 약간 다르다.

Chapter 12

1345 **それほど**
부 그다지 / 그 정도 / 그토록

みんなが彼を変だと言うが、それほどでもない。

모두가 그를 이상하다고 말하지만 그 정도는 아니다.

= そんなに

1346 **縮む** (ちぢ)
동 줄어들다

このシャツは、洗濯機で洗うたびに縮む。

이 셔츠는 세탁기로 세탁할 때마다 줄어든다.

Section 4
우리 사회
私たちの社会

1347 現代 (げんだい)
명 현대
現代の社会には、いろいろな問題がある。
현대 사회에는 여러가지 문제가 있다.
➕ **現代人** 현대인 · **現代的な** 현대적인

1348 現実 (げんじつ)
명 현실
現実はきびしいが、前に進んでいこう。
현실은 냉엄하지만 앞으로 나가자.
➕ **現実的な** 현실적인

1349 理想 (りそう)
명 이상
理想と現実の間で悩むことがある。
이상과 현실 사이에서 고민하는 경우가 있다.
➕ **理想的な** 이상적인

1350 偉大な (いだい)
ナ형 위대한 / 훌륭한
社会には偉大なリーダーが必要だ。
사회에는 훌륭한 리더가 필요하다.

1351 当然〈な〉 (とうぜん)
명 / ナ형 당연한 / 당연하다
子どもが親を大切にするのは、当然のことだ。(名)
今日の試合の結果は当然だ。(ナ形)
아이가 부모를 소중히 하는 것은 당연한 일이다.
오늘의 경기 결과는 당연하다.

1352 当たり前〈な〉 (あたりまえ)
명 / ナ형 당연한 / 당연하다
困っている人を助けるのは当たり前だ。(ナ形)
어려운 사람을 돕는 것은 당연하다.

1353 [お]金持ち (かねもち)
명 부자
子どものころは、お金持ちになりたかった。
어렸을 때는 부자가 되고 싶었다.

Chapter 12

1354	貧しい まず	①彼は<u>貧しかった</u>が、努力して社長になった。 ②彼は考えが<u>貧しい</u>。
イ形	가난한 / 가난하다 / 빈약한 / 빈약하다	① 그는 가난했지만 노력해서 사장이 되었다. ② 그는 생각이 빈약하다.

👉 ① 돈이나 물건이 적다 ② 내용에 좋은 곳이 없다

1355	貧乏〈な / する〉 びんぼう	祖父は子どものころ、<u>貧乏だった</u>そうだ。（ナ形）
명 ナ形	가난한 / 가난하다	할아버지는 어린 시절 가난했다고 한다.

1356	発展〈する〉 はってん	社会の<u>発展</u>のために役に立ちたい。
명	발전 < 하다 >	사회의 발전을 위해 도움이 되고 싶다.

1357	進歩〈する〉 しんぽ	技術は常に<u>進歩して</u>いる。
명	진보 < 하다 >	기술은 항상 진보하고 있다.

1358	強力な きょうりょく	将来のために、<u>強力に</u>発展を進める。
ナ形	강력한 / 강력하다	장래를 위해 강력하게 발전을 추진한다.

1359	パワー	若者の<u>パワー</u>が、これからの社会をつくる。
명	파워 / 힘	젊은이의 파워가 앞으로의 사회를 만든다.

1360	あふれる	①大雨で川の水が<u>あふれた</u>。 ②ラッシュで、人がホームに<u>あふれて</u>いる。
동	넘치다 / 범람하다	① 폭우로 강물이 범람했다. ② 출퇴근 시간으로 사람들이 플랫폼에 넘치고 있다.

👉 ① 밖에까지 나오다 ② 밖에까지 나온 것 같다

1361	くずれる	①大雨で山が<u>くずれた</u>。 ②社会のルールが<u>くずれて</u>きている。
동	무너진다	① 폭우로 산이 무너졌다. ② 사회의 규범이 무너지고 있다.

➕ (〜を) くずす (~을) 무너뜨리다

👉 ① 무너진다 ② 질서가 없어진다

Section 4

1362 ☐ 動	経つ た (시간, 때가) 지나다	何年<u>経って</u>も、あの事故を忘れてはいけない。 なんねん た じこ わす	몇 년이 지나도 그 사고를 잊으면 안 된다.
1363 ☐ 名	前後 ぜんご 전후	二十歳<u>前後</u>の若者に、アンケートを取った。 はたち ぜんご わかもの と	스무 살 전후의 젊은이들에게 설문 조사를 했다.
1364 ☐ ナ形	盛んな さか 한창인 / 한창이다 / 활발한 / 활발하다	この町は、今でも祭りが<u>盛んだ</u>。 まち いま まつ さか	이 마을은 지금도 축제가 활발하다.
1365 ☐ 名	産業 さんぎょう 산업	日本には、新しい<u>産業</u>が必要だ。 にほん あたら さんぎょう ひつよう	일본에는 새로운 산업이 필요하다.
1366 ☐ 名	工業 こうぎょう 공업	私のふるさとでは<u>工業</u>が盛んだ。 わたし こうぎょう さか	내 고향은 공업이 활발하다.
1367 ☐ 名	商業 しょうぎょう 상업	この地方は<u>商業</u>の町だ。 ちほう しょうぎょう まち	이 지방은 상업 도시이다.
		➕ 商売〈する〉 장사〈하다〉 しょうばい	
1368 ☐ 名	農業 のうぎょう 농업	いなかで<u>農業</u>を始めたい。 のうぎょう はじ	시골에서 농사를 시작하고 싶다.

Section 5
국제 사회

国際社会（こくさいしゃかい）

1369	語る (かた)	政治家が平和について語った。
동	이야기하다 / 말하다	정치인이 평화에 대해 말했다.

1370	解消〈する〉(かいしょう)	国と国のトラブルを解消するのは難しい。
명	해소 / 해결 〈하다〉	국가와 국가 간의 문제를 해결하는 것은 어렵다.

➕ ストレス解消〈する〉 스트레스 해소〈하다〉

1371	それぞれ	全ての国に、それぞれの文化がある。(名) 人は、それぞれ違う考えを持っている。(副)
명/부	각각	모든 나라에 각각의 문화가 있다. 사람은 각각 다른 생각을 가지고 있다.

1372	片方 (かたほう)	片方だけでなく、両方の意見を聞くことが大切だ。
명	한 쪽	한 쪽뿐만 아니라 양쪽의 의견을 듣는 것이 중요하다.

↔ 両方 (りょうほう)

1373	囲む (かこ)	A国は3つの国に囲まれている。
동	둘러싸다 / 포위하다	A국은 3개국에 둘러싸여 있다.

1374	代わり (か)	車を輸出する代わりに、石油や小麦粉を輸入する。
명	대신 / 대리	자동차를 수출하는 대신에 석유와 밀가루를 수입한다.

Section 5

1375	友好 (ゆうこう)	近くの国との友好は、特に大切だ。
名	우호 (관계)	인근 국가와의 우호 (관계) 는 특히 중요하다 .

➕ 友好国(ゆうこうこく) 우방 국가 ・ 友好関係(ゆうこうかんけい) 우호 관계

1376	期待〈する〉(きたい)	これからの両国の友好関係に期待している。
名	기대 < 하다 >	앞으로의 양국 우호 관계에 기대하고 있다 .

1377	区別〈する〉(くべつ)	国の問題と個人の問題を区別しよう。
名	구별 / 구분 < 하다 >	국가의 문제와 개인의 문제를 구별하자 .

1378	差別〈する〉(さべつ)	差別のない社会にしたい。
名	차별 < 하다 >	차별이 없는 사회를 만들고 싶다 .

1379	限界 (げんかい)	A国のB国に対する我慢が、限界を超えた。
名	한계	A 국의 B 국에 대한 인내가 한계를 넘어 섰다 .

1380	通じる (つうじる)	海外で言葉が通じないのは、とても不便だ。
動	통하다	해외에서 말이 통하지 않는 것은 매우 불편하다 .

1381	ジェスチャー	言葉が通じない場合は、ジェスチャーで伝える。
名	제스처 / 몸짓	말이 통하지 않는 경우는 몸짓으로 전달한다 .

1382	首都 (しゅと)	スイスの首都で、大きな会議が開かれる。
名	수도	스위스의 수도에서 큰 회의가 열린다 .

1383	順調な (じゅんちょう)	3か国の話し合いは、順調に進んでいるようだ。
ナ形	순조로운	3개국의 대화는 순조롭게 진행되고 있는 것 같다 .

1384	対象 (たいしょう)	となりの国の首相を対象に、インタビューをした。
名	대상	이웃 나라 수상을 대상으로 인터뷰를 했다 .

➕ 恋愛対象(れんあいたいしょう) 연애 대상

Chapter 12

1385 通知〈する〉
つうち
명 통지 < 하다 >

A国から、来年の訪日の予定が通知された。
A 국에서 내년 방일 예정을 통지받았다.

1386 態度
たいど
명 태도

相手の態度で、こちらの態度を変える。
상대의 태도에 따라 이 쪽의 태도를 바꾼다.

1387 求める
もと
동 요구하다

貧しい人たちが何を求めているのか、考えるべきだ。
가난한 사람들이 무엇을 요구하고 있는지 생각해야 한다.

1388 結論
けつろん
명 결론

話し合いの結論は、明日わかるそうだ。
대화의 결론은 내일 알 수 있다고 한다.

1389 ひっくり返す
かえ
동 뒤집다 / 뒤엎다

① ステーキを焼くときは、途中でひっくり返す。
② 昨日出た結論が、もうひっくり返された。
① 스테이크를 구울 때는 도중에 뒤집는다.
② 어제 나온 결론이 벌써 뒤집혔다.

➕ **(〜が) ひっくり返る** (〜을) 뒤바뀌다 / 뒤집히다

👉 ① 상하를 반대로 한다 ② 생각을 바꾼다

1390 広がる
ひろ
동 넓어지다 / 퍼지다 / 확산하다

留学によって可能性が広がった。
유학으로 인해 가능성이 넓어졌다.

1391 広げる
ひろ
동 넓히다 / 퍼뜨리다

積極的に自分の世界を広げていきたい。
적극적으로 자신의 세계를 넓혀 가고 싶다.

1392 活動〈する〉
かつどう
명 활동 < 하다 >

小さな活動から、世界を変えていく。
작은 활동에서부터 세계를 바꾸어 나간다.

➕ **クラブ活動** 클럽 활동 · **就職活動** 취직 활동 / 취업 활동 · **活動的な** 활동적인

Section 5

1393 ボランティア
名 자원 봉사

ボランティアに参加して、成長したい。
자원 봉사에 참여하여 성장하고 싶다.

= ボランティア活動　＋ ボランティア団体 자원 봉사 단체

Chapter 12

이것도 외우자! ❻

🌎 세계의 지역　世界の地域(せかいのちいき)

北極(ほっきょく)	북극
南極(なんきょく)	남극
北半球(きたはんきゅう)	북반구
南半球(みなみはんきゅう)	남반구
赤道(せきどう)	적도
北(きた)アフリカ	북아프리카
中央(ちゅうおう)アフリカ	중앙아프리카
南(みなみ)アフリカ	남아프리카
オセアニア	오세아니아
北(きた)アメリカ	북아메리카
南(みなみ)アメリカ	남아메리카
東南(とうなん)アジア	동남아시아 / 동남아
東(ひがし)アジア	동아시아
中央(ちゅうおう)アジア	중앙아시아
南(みなみ)アジア	남아시아
中東(ちゅうとう)	중동
中南米(ちゅうなんべい)	중남미
北欧(ほくおう)	북유럽
東欧(とうおう)	동유럽
西欧(せいおう)	서유럽
南欧(なんおう)	남유럽
欧米(おうべい)	구미 (유럽과 미국)

1288 - 1393

50음 단어 색인

가나 읽기	단어	단어 No.

あ

あいかわらず	相変わらず	336
あいじょう	愛情	49
あいする	愛する	1223
あいて	相手	70
あいまいな	あいまいな	1258
アイロン	アイロン	236
(じこに)あう	(事故に)あう	1120
あがる	あがる	1270
あきかん	空き缶	243
あきち	空き地	396
あきびん	空きびん	243
あきらめる	あきらめる	607
あきる	あきる	1232
あくしゅ〈する〉	握手〈する〉	793
アクセル	アクセル	483
アクセント	アクセント	527
あくび〈する〉	あくび〈する〉	895
(よが)あける	(夜が)明ける	322
あげる	揚げる	187
あこがれ	あこがれ	1210
あこがれる	あこがれる	1210
あさごはん	朝ごはん	133
あじみ〈する〉	味見〈する〉	203
あじわう	味わう	151
あす	明日	116
あずかる	預かる	80
あずける	預ける	79
あせ	汗	882
あせり	あせり	1271
あせる	あせる	1271
あそびなかま	遊び仲間	28
あたえる	与える	92
あたためる	温める	197
あたためる	暖める	251
あたりまえ〈な〉	当たり前〈な〉	1352
あたる	当たる	1022
あちこち	あちこち	755
あちらこちら	あちらこちら	755
あっか〈する〉	悪化〈する〉	967
あつかう	あつかう	431
あっというま	あっという間	1014
アップロード〈する〉	アップロード〈する〉	746
あてさき	あて先	354
あてな	あて名	355
アドバイス〈する〉	アドバイス〈する〉	684
アドレス	アドレス	109
あな	穴	987
アニメ	アニメ	858
アニメーション	アニメーション	858
あばれる	暴れる	1101
あふれる	あふれる	1360
アマ（チュア）	アマ（チュア）	800
あまやかす	甘やかす	82
あまる	余る	598
あやしい	怪しい	1099
あやまる	謝る	58
あらし	嵐	1005
あらそい	争い	1102
あらそう	争う	1102
あらわす	表す	539
あらわれる	表れる	539
あらわれる	現れる	984
アルバイト〈する〉	アルバイト〈する〉	579
アルミホイル	アルミホイル	176
アレルギー	アレルギー	916
あわ	あわ	229
あわせる	合わせる	324
あわただしい	あわただしい	1143
あわてる	あわてる	1144
あんがい	案外	1259

あんき〈する〉	暗記〈する〉	528
アンケート	アンケート	672
あんしょうばんごう	暗証番号	287
あんしん〈な〉	安心〈な〉	1245
あんぜん〈な〉	安全〈な〉	477
あんぜんうんてん	安全運転	477

い

いいあらそい	言い争い	1102
いいかえす	言い返す	57
いいかげんな	いいかげんな	1194
いいなおす	言い直す	534
いがいと	意外と	1259
いがいな	意外な	1259
いき	息	883
いきいき[と]〈する〉	いきいき[と]〈する〉	1329
いきさき	行き先	415
いきなり	いきなり	1145
いくじ	育児	238
いご	以後	132
いこう	以降	132
イコール	イコール	544
いざかや	居酒屋	385
いじめ	いじめ	1146
いじめる	いじめる	1147
いじょう〈な〉	異常〈な〉	937
いじわる〈な〉	意地悪〈な〉	1195
いぜん	以前	132
いだいな	偉大な	1350
いたずら〈な/する〉	いたずら〈な/する〉	1108
いただく	いただく	88
いたみ	痛み	933
いちいち	いちいち	1250
いちおう	一応	517
いちどに	一度に	1051
いちりゅう	一流	815
いつう	胃痛	935
いっかいばらい	1回払い	298
いっきに	一気に	1050
いっさくじつ	一昨日	121
いっさくねん	一昨年	122
いったい	いったい	1268
いつつぼしホテル	五つ星ホテル	762
いってい〈する〉	一定〈する〉	1043
いつのまにか	いつの間にか	1053
いっぺんに	いっぺんに	1052
いっぽうつうこう	一方通行	487
いてん〈する〉	移転〈する〉	394
いと	糸	240
いとこ	いとこ	21
いねむり〈する〉	居眠り〈する〉	508
いのち	命	1122
いのり	祈り	1253
いのる	祈る	1253
いま	居間	247
いやがる	嫌がる	1233
イヤホン	イヤホン	869
イヤリング	イヤリング	835
いらい	以来	132
いわ	岩	991
[お]いわい	[お]祝い	38
いわう	祝う	38
いんかん	印鑑	670
いんしゅ〈する〉	飲酒〈する〉	482
いんしゅうんてん	飲酒運転	482
いんしょう	印象	1306
いんしょうてきな	印象的な	1306
インスタントしょくひん	インスタント食品	173
インストール〈する〉	インストール〈する〉	746
インターン	インターン	654
いんたい〈する〉	引退〈する〉	803
インタビュー〈する〉	インタビュー〈する〉	671
インフルエンザ	インフルエンザ	943

う

ウイルス	ウイルス	944
ウェア	ウェア	779
ウェブサイト	ウェブサイト	631
ウェブページ	ウェブページ	631
うがい〈する〉	うがい〈する〉	918
うがいぐすり	うがい薬	918

うかぶ	浮かぶ	982
(しけんに)うかる	(試験に)受かる	586
うく	浮く	982
うけつけ	受付	658
うけつける	受け付ける	658
うけとり	受け取り	649
うけとる	受け取る	649
(しけんを)うける	(試験を)受ける	584
うしなう	失う	1171
うしろすがた	うしろ姿	1310
うすぐらい	薄暗い	986
うそつき	うそつき	1106
うたがい	疑い	1105
うたがう	疑う	1105
うちがわ	内側	268
うつ	打つ	782
うっかり〈する〉	うっかり〈する〉	1260
うとうと[と]〈する〉	うとうと[と]〈する〉	507
うなる	うなる	946
うばう	うばう	1112
うまれ	生まれ	104
うまれる	生まれる	104
うみのひ	海の日	1069
うめる	うめる	989
うらがえし	裏返し	589
うらがえす	裏返す	589
うらやましい	うらやましい	1211
うりきれ	売り切れ	304
うりきれる	売り切れる	304
うろうろ〈する〉	うろうろ〈する〉	400
うわぎ	上着	830
うわさ〈する〉	うわさ〈する〉	1076
うん	運	344
うんてんせき	運転席	470
うんてんめんきょしょう	運転免許証	489
うんどうかい	運動会	786
え		
エアコン	エアコン	249
えいかいわ	英会話	535
えいきょう〈する〉	えいきょう〈する〉	1055
えいぎょう〈する〉	営業〈する〉	706
えいぞう	映像	735
えいよう	栄養	966
えがお	笑顔	1229
えらい	えらい	565
える	得る	656
エレガントな	エレガントな	1315
えんかい	宴会	699
えんき〈する〉	延期〈する〉	717
エンジン	エンジン	494
えんそう〈する〉	演奏〈する〉	868
えんだか	円高	1174
えんやす	円安	1174
えんりょ〈する〉	遠慮〈する〉	39
お		
お	尾	998
おい	おい	22
おいかける	追いかける	408
おいこす	追い越す	410
おいつく	追いつく	409
おいわいする	お祝いする	38
おう	追う	1114
おうふく〈する〉	往復〈する〉	416
おうふくきっぷ	往復切符	416
おうぼ〈する〉	応募〈する〉	634
おおあめ	大雨	1007
オーエル	ＯＬ	651
おおがた	大型	1338
おおがたバス	大型バス	1338
おおがたれんきゅう	大型連休	1338
おおきめ〈な〉	大きめ〈な〉	1340
おおげさな	大げさな	1205
おおごえ	大声	787
おおさじ	大さじ	166
オーバーな	オーバーな	1205
おおみそか	大みそか	1074
おおめ〈な〉	多め〈な〉	1339
おか	丘	992
おかず	おかず	141

おかわり〈する〉	お代わり〈する〉	152
おきにいり	お気に入り	853
おくれる	遅れる	503
(ひとを)おこす	(人を)起こす	239
おごり	おごり	146
おごる	おごる	146
おさない	幼い	1312
おさななじみ	幼なじみ	30
おじ	おじ	19
おしい	惜しい	794
おしぼり	おしぼり	178
おしゃべり〈する〉	おしゃべり〈する〉	332
おしゃれ〈な/する〉	おしゃれ〈な/する〉	805
おすすめ	おすすめ	860
おそめ〈な〉	遅め〈な〉	362
おそろしい	恐ろしい	1100
おたま	おたま	164
おだやかな	おだやかな	1190
おちこむ	落ち込む	1234
おちつく	落ち着く	1212
おちる	落ちる	1150
おでこ	おでこ	878
おとしだま	お年玉	1062
おとす	落とす	1150
おととい	おととい	121
おととし	おととし	122
おとなしい	おとなしい	1192
おにぎり	おにぎり	192
おば	おば	20
オフ	オフ	689
おぼれる	おぼれる	1137
おまけ〈する〉	おまけ〈する〉	313
おむすび	おむすび	192
おもいきり	思い切り	788
おもいきる	思い切る	788
おやこ	親子	13
おやつ	おやつ	140
およそ	およそ	1176
おりたたみがさ	折りたたみ傘	1008
(のりものを/から)	(乗り物を/から)	452
おりる	降りる	
おろす	降ろす	469
(おかねを)おろす	(お金を)下ろす	291
オン	オン	689
おんせんツアー	温泉ツアー	754
おんだんか	温暖化	1054
おんどけい	温度計	1025
おんぶ〈する〉	おんぶ〈する〉	964

か

カーナビ	カーナビ	472
カーブ	カーブ	484
カーペット	カーペット	254
かいが	絵画	855
かいぎょう〈する〉	改行〈する〉	732
がいけん	外見	1307
かいさつ	改札	433
かいさつぐち	改札口	433
かいさん〈する〉	解散〈する〉	760
かいしょう〈する〉	解消〈する〉	1370
がいしょく〈する〉	外食〈する〉	144
かいせい	快晴	1018
かいそく	快速	419
かいとう〈する〉	回答〈する〉	673
かいふく〈する〉	回復〈する〉	967
カウンセリング〈する〉	カウンセリング〈する〉	1287
かおいろ	顔色	886
がか	画家	855
かがいしゃ	加害者	1133
かがやく	かがやく	1019
かかる	かかる	466
かく	かく	926
かくえきていしゃ	各駅停車	418
がくせいわりびき	学生割引	307
かくてい	各停	418
がくねん	学年	500
がくひ	学費	559
がくぶ	学部	553
かけざん	かけ算	543
かこむ	囲む	1373

かざん	火山	993
かしこい	かしこい	520
かしだし	貸し出し	521
かしだす	貸し出す	521
ガスレンジ	ガスレンジ	170
かせぐ	かせぐ	723
がぞう	画像	735
かたがき	肩書き	683
かたこり	肩こり	929
かたづく	片づく	213
かたづけ	片づけ	213
かたづける	片づける	213
かたほう	片方	1372
かたみち	片道	417
かたる	語る	1369
カタログ	カタログ	810
がっか	学科	556
がっかり〈する〉	がっかり〈する〉	1235
がっき	学期	501
かっこいい	かっこいい	1313
かっこわるい	かっこ悪い	1313
かって〈な〉	勝手〈な〉	1197
カット〈する〉	カット〈する〉	824
かつどう〈する〉	活動〈する〉	1392
かつどうてきな	活動的な	1392
カップ	カップ	166
かつやく〈する〉	活躍〈する〉	778
かでん	家電	248
かなしみ	悲しみ	1236
かなしむ	悲しむ	1236
かなり	かなり	1169
かねつする	加熱する	193
[お]かねもち	[お]金持ち	1353
かのうせい	可能性	606
かのじょ	彼女	47
かび	かび	225
かふんしょう	花粉症	917
がまん〈する〉	我慢〈する〉	1273
かむ	かむ	150
がめん	画面	724
かもく	科目	542
かゆい	かゆい	924
かゆみ	かゆみ	925
がら	柄	1291
からからな	からからな	911
がらがらな	がらがらな	458
かれ	彼	48
かれし	彼氏	48
かれる	枯れる	978
カロリー	カロリー	913
かわ	革	848
かわ	皮	848
かわいがる	かわいがる	81
かわいそうな	かわいそうな	1237
かわり	代わり	1374
かんげい〈する〉	歓迎〈する〉	700
かんげいかい	歓迎会	700
かんげき〈する〉	感激〈する〉	1213
かんこう〈する〉	観光〈する〉	756
かんこうきゃく	観光客	756
かんこうスポット	観光スポット	756
かんこうち	観光地	756
かんさつ〈する〉	観察〈する〉	1044
がんじつ	元日	1059
かんじゃ	患者	952
かんじょう	感情	1209
かんじょう〈する〉	勘定〈する〉	284
かんじょうてきな	感情的な	1209
かんじる	感じる	1257
かんしん	関心	1275
かんしん〈する〉	感心〈する〉	1215
かんそう〈する〉	乾燥〈する〉	234
かんそうき	乾燥機	234
がんたん	元旦	1059
かんどう〈する〉	感動〈する〉	1214
カンニング〈する〉	カンニング〈する〉	596
かんぱい〈する〉	乾杯〈する〉	149
かんぺきな	完ぺき〈な〉	1342
かんりょう〈する〉	完了〈する〉	741

き

きおく〈する〉	記憶〈する〉	529
きおくりょく	記憶力	529
きがるな	気軽な	1217
きかん	期間	510
ききかえす	聞き返す	532
ききとり	聞き取り	531
ききとる	聞き取る	531
ききなおす	聞き直す	533
きぎょう	企業	630
きく	効く	962
きげん	期限	511
きげん	機嫌	1276
きこん	既婚	111
きざむ	刻む	182
きじ	記事	1077
きず	傷	907
きたい〈する〉	期待〈する〉	1376
きちんと〈する〉	きちんと〈する〉	518
きつい	きつい	1239
きっかけ	きっかけ	519
ぎっしり[と]	ぎっしり[と]	461
きにいる	気に入る	852
きにする	気にする	900
きになる	気になる	899
きにゅう〈する〉	記入〈する〉	638
きねん〈する〉	記念〈する〉	54
きねんび	記念日	55
きのどくな	気の毒な	1238
きぼう〈する〉	希望〈する〉	1254
きみがわるい	気味が悪い	1118
きものすがた	着物姿	1310
ぎもん	疑問	1135
キャッシュカード	キャッシュカード	286
キャプテン	キャプテン	799
キャンセルする	キャンセルする	766
きゅうか	休暇	688
きゅうがく〈する〉	休学〈する〉	582
きゅうかんび	休館日	376
きゅうきゅうしゃ	救急車	1119
きゅうこう	急行	419
きゅうしょく	給食	524
きゅうブレーキ	急ブレーキ	467
きょう	今日	115
きょうか	教科	541
ぎょうぎ	行儀	106
きょうじゅ	教授	563
きょうそう〈する〉	競争〈する〉	777
きょうそうあいて	競争相手	792
きような	器用な	1208
きょうふ	恐怖	1240
きょうふう	強風	1006
きょうふえいが	恐怖映画	1240
きょうふしん	恐怖心	1240
きょうりょく〈する〉	協力〈する〉	719
きょうりょくな	強力な	1358
ぎょうれつ	行列	375
きょり	距離	407
きらきら〈する〉	きらきら〈する〉	1334
きらくな	気楽な	1218
きらす	切らす	174
ぎりぎり〈な〉	ぎりぎり〈な〉	597
きれる	切れる	174
ぎんこうこうざ	銀行口座	285
きんちょうする	緊張する	1270
きんむ〈する〉	勤務〈する〉	703

く

ぐうぜん	偶然	1141
クーラー	クーラー	250
くさ	草	980
くさる	くさる	175
くしゃみ〈する〉	くしゃみ〈する〉	920
くじょう	苦情	1142
くずす	くずす	1361
くずれる	くずれる	1361
くせ	くせ	1207
くたくたな	くたくたな	696
くださる	くださる	89
くだらない	くだらない	1087
くだり	下り	424

くだる	下る	424
くちぐせ	口ぐせ	1207
くちげんか〈する〉	口げんか〈する〉	56
くちべに	口紅	842
クッション	クッション	257
ぐっすり［と］	ぐっすり［と］	343
くばる	配る	587
くべつ〈する〉	区別〈する〉	1377
くもり	くもり	1004
くもる	くもる	1004
くやしい	くやしい	615
ぐらぐら〈する〉	ぐらぐら〈する〉	1161
グラス	グラス	181
クラブ	クラブ	871
グラフ	グラフ	545
クラブかつどう	クラブ活動	1392
くりかえす	くり返す	530
クリック〈する〉	クリック〈する〉	744
くるしむ	苦しむ	947
くるむ	くるむ	191
グルメ	グルメ	145
クレーム	クレーム	1142
クレジットカード	クレジットカード	297
くれる	暮れる	331
くろう〈する〉	苦労〈する〉	695
くわえる	加える	185

け

けいえい〈する〉	経営〈する〉	707
けいこ〈する〉	けいこ〈する〉	857
けいざいじょうたい	経済状態	1041
けいじばん	掲示板	608
げいじゅつ	芸術	854
けいたい〈する〉	携帯〈する〉	718
けいたいでんわ	携帯電話	718
けいゆ〈する〉	経由〈する〉	427
けいろうのひ	敬老の日	1070
げか	外科	958
げしゃ〈する〉	下車〈する〉	452
げじゅん	下旬	128
［お］けしょう〈する〉	［お］化粧〈する〉	841
けしょうひん	化粧品	841
（えんぴつを）けずる	（えんぴつを）けずる	552
けち〈な〉	けち〈な〉	1200
けつえき	血液	879
けつえきがた	血液型	880
けつえきがたうらない	血液型占い	880
けっか	結果	604
げっかんし	月刊誌	1078
けっきょく	結局	1098
けっこう	けっこう	1031
けっせき〈する〉	欠席〈する〉	502
けってん	欠点	1206
げっぷ〈する〉	げっぷ〈する〉	896
げつまつ	月末	675
けつろん	結論	1388
げひんな	下品な	1316
ける	ける	780
げん	元	775
けんか〈する〉	けんか〈する〉	56
げんかい	限界	1379
げんきん	現金	296
けんこうしんだん	健康診断	956
げんごがく	言語学	556
けんさ〈する〉	検査〈する〉	954
けんさにゅういん	検査入院	954
げんじつ	現実	1348
げんじつてきな	現実的な	1348
けんしゅう〈する〉	研修〈する〉	652
げんしょう〈する〉	減少〈する〉	1164
げんだい	現代	1347
げんだいじん	現代人	1347
げんだいてきな	現代的な	1347
げんば	現場	1126
けんめい	件名	725
けんりつ	県立	561

こ

コイン	コイン	270
こういんしょう	好印象	1306
こうえんかい	講演会	870
こうか	硬貨	270

こうがい	郊外	392
こうかい〈する〉	後悔〈する〉	1242
こうかがある	効果がある	962
ごうかく〈する〉	合格〈する〉	586
こうかん〈する〉	交換〈する〉	76
こうき	後期	558
こうぎ〈する〉	講義〈する〉	564
こうきしん	好奇心	865
こうきゅう〈な〉	高級〈な〉	815
こうきゅうブランド	高級ブランド	816
こうぎょう	工業	1366
こうきょうりょうきん	公共料金	276
ごうけい〈する〉	合計〈する〉	299
こうこく〈する〉	広告〈する〉	708
こうこくがいしゃ	広告会社	708
こうざ	口座	285
こうさい〈する〉	交際〈する〉	53
こうさいひ	交際費	275
こうじ〈する〉	工事〈する〉	395
こうじげんば	工事現場	1126
こうしゃぐち	降車口	446
こうすい	香水	846
こうそうビル	高層ビル	367
こうそうマンション	高層マンション	367
こうそくどうろ	高速道路	476
こうつうひ	交通費	453
こうねつひ	光熱費	274
こうはい	後輩	682
こうはん	後半	783
こうふく〈な〉	幸福〈な〉	1219
こうもく	項目	513
こうりつ	公立	561
こうりゅう〈する〉	交流〈する〉	77
こうれい	高齢	100
こうれいか	高齢化	100
こうれいしゃ	高齢者	100
こえる	超える	1165
こえる	越える	1167
コーヒーショップ	コーヒーショップ	851
こおり	氷	1029
こおる	凍る	1028
ゴール〈する〉	ゴール〈する〉	790
ゴールデンウイーク	ゴールデンウイーク	1065
こがた	小型	1338
こくご	国語	541
こくみん	国民	1081
こくりつ	国立	561
こげる	こげる	194
こころから	心から	1252
こさじ	小さじ	166
こさめ	小雨	1007
こしかける	腰かける	330
こしょう	こしょう	171
こじん	個人	108
こじんじょうほう	個人情報	108
こじんてきな	個人的な	108
こする	こする	927
こせい	個性	1181
こせいてきな	個性的な	1181
こぜに	小銭	271
こそだて	子育て	238
ごちそうする	ごちそうする	146
[お]こづかい	[お]こづかい	277
こっせつ〈する〉	骨折〈する〉	950
こっそり	こっそり	1266
こづつみ	小包	352
ことなる	異なる	1336
ことばづかい	言葉づかい	1314
こどものひ	子どもの日	1066
ことわる	断る	78
このみ	好み	807
このむ	好む	806
こぼす	こぼす	223
こぼれる	こぼれる	223
(かたが)こる	(肩が)こる	928
ころぶ	転ぶ	1155
コンクール	コンクール	866
コンクリート	コンクリート	389
こんざつ〈する〉	混雑〈する〉	374
コンセント	コンセント	259

コンテスト	コンテスト	866
こんらん〈する〉	混乱〈する〉	1127

さ

サークル	サークル	871
サークルなかま	サークル仲間	871
さいじつ	祭日	1057
サイズ	サイズ	827
さいのう	才能	856
さいほうそう	再放送	1089
さいよう〈する〉	採用〈する〉	648
さいりよう〈する〉	再利用〈する〉	363
さいわい	幸い	1219
さがす	探す	812
さがす	捜す	1113
さかんな	盛んな	1364
さきおととい	先おととい	120
さく	咲く	979
さくじつ	昨日	121
さくじょ〈する〉	削除〈する〉	738
さくねん	昨年	122
さけびごえ	さけび声	1109
さけぶ	さけぶ	1109
ささえる	支える	73
さしあげる	差し上げる	90
さしだしにん	差出人	356
(かさを)さす	(傘を)さす	1009
ざせき	座席	514
さそい	誘い	74
さそう	誘う	74
[お]さつ	[お]札	269
ざっそう	雑草	980
さっそく	さっそく	618
ざっと	ざっと	619
さっぱり〈する〉	さっぱり〈する〉	1325
さびる	さびる	999
ざぶとん	ざぶとん	255
さべつ〈する〉	差別〈する〉	1378
サボる	サボる	505
さます	覚ます	320
さめる	覚める	321
さらいげつ	再来月	124
さらいしゅう	再来週	124
さらいねん	再来年	124
サラダあぶら	サラダ油	172
サラダオイル	サラダオイル	172
サラリーマン	サラリーマン	651
さわがしい	さわがしい	1124
さわぐ	さわぐ	1125
さわやかな	さわやかな	1324
さわる	さわる	951
さんかく	三角	546
さんかくけい	三角形	546
さんぎょう	産業	1365
さんじょ	三女	7
さんすう	算数	541
さんなん	三男	8
サンプル	サンプル	811

し

しあがる	仕上がる	573
しあげる	仕上げる	573
しあさって	しあさって	119
しあわせ〈な〉	幸せ〈な〉	1219
シートベルト	シートベルト	471
ジーパン	ジーパン	833
ジーンズ	ジーンズ	833
ジェイアール	ＪＲ	425
ジェスチャー	ジェスチャー	1381
しおからい	塩辛い	209
しかい	歯科医	890
しかい〈する〉	司会〈する〉	1088
しかいしゃ	司会者	1088
しかく	四角	546
しかく	資格	639
じかんわり	時間割	512
じきゅう	時給	580
しく	敷く	237
しげん	資源	976
じけんげんば	事件現場	1126
じこく	時刻	462
じこくひょう	時刻表	462

じこげんば	事故現場	1126
じさ	時差	773
じさぼけ	時差ぼけ	773
しじ〈する〉	指示〈する〉	694
じしゅう〈する〉	自習〈する〉	549
じじょ	次女	5
じじょ	二女	5
じしん	自信	613
じすい〈する〉	自炊〈する〉	143
しずむ	沈む	985
しだいに	次第に	1045
したがき〈する〉	下書き〈する〉	537
したく〈する〉	支度〈する〉	323
したしい	親しい	32
しちごさん	七五三	1073
じっか	実家	264
しっかり[と]〈する〉	しっかり[と]〈する〉	620
しつぎょう〈する〉	失業〈する〉	679
じっくり[と]	じっくり[と]	621
しっけ	湿気	1003
しつこい	しつこい	1201
じっしゅう〈する〉	実習〈する〉	653
しつど	湿度	1002
じっと〈する〉	じっと〈する〉	970
しつどけい	湿度計	1025
しっぽ	しっぽ	998
じつりょく	実力	603
してい〈する〉	指定〈する〉	434
していせき	指定席	434
してつ	私鉄	426
じどう	児童	102
じどうかいさつ	自動改札	433
じどうドア	自動ドア	372
じどうはんばいき	自動販売機	431
しなぎれ	品切れ	305
しなもの	品物	295
じなん	次男	6
じなん	二男	6
しはつ	始発	420
しはらい	支払い	283
しはらう	支払う	282
しばらく	しばらく	45
しびれ	しびれ	948
しびれる	しびれる	948
しへい	紙へい	269
しぼる	しぼる	222
しま	しま	1294
しまい	姉妹	11
しまう	しまう	325
しまもよう	しま模様	1294
じまん〈する〉	自慢〈する〉	1274
しみ	しみ	904
じみな	地味な	1317
しみん	市民	1081
じむ	事務	704
しめい	氏名	588
しめきり	締め切り	515
しめきる	締め切る	515
しめる	湿る	1003
しゃいん	社員	650
しゃかい	社会	1083
しゃかいじん	社会人	668
じゃぐち	蛇口	262
じゃくてん	弱点	1206
しゃしょう	車掌	436
しゃっきん〈する〉	借金〈する〉	1152
しゃっくり〈する〉	しゃっくり〈する〉	896
しゃないアナウンス	車内アナウンス	435
しゃもじ	しゃもじ	165
しゅうかんし	週刊誌	1078
しゅうごう〈する〉	集合〈する〉	759
しゅうしょくかつどう	就職活動	1392
じゆうせき	自由席	434
じゅうたい〈する〉	渋滞〈する〉	474
じゅうだいな	重大な	1084
じゅうたん	じゅうたん	254
しゅうちゅう〈する〉	集中〈する〉	506
しゅうてん	終点	422
しゅうでん	終電	421
じゅうでん〈する〉	充電〈する〉	340

じゅうような	重要な	1085
じゅぎょうりょう	授業料	559
しゅくじつ	祝日	1057
しゅくはく〈する〉	宿泊〈する〉	751
じゅけん〈する〉	受験〈する〉	584
じゅけんせい	受験生	585
しゅじゅつ〈する〉	手術〈する〉	971
じゅしん〈する〉	受信〈する〉	726
じゅしんしゃ	受信者	726
しゅっしん	出身	103
しゅっしんだいがく	出身大学	103
しゅっしんち	出身地	103
しゅっせき〈する〉	出席〈する〉	502
しゅっぱん〈する〉	出版〈する〉	709
しゅっぱんしゃ	出版社	709
しゅっぴん〈する〉	出品〈する〉	867
しゅと	首都	1382
しゅふ	主婦	112
しゅるい	種類	977
じゅんちょうな	順調な	1383
しよう〈する〉	使用〈する〉	771
しょうがくきん	奨学金	560
じょうぎ	定規	547
じょうきげん〈な〉	上機嫌〈な〉	1276
じょうきゃく	乗客	447
しょうぎょう	商業	1367
しょうきょくてきな	消極的な	1187
じょうけん	条件	632
じょうし	上司	680
しょうじき〈な〉	正直〈な〉	1184
しょうじきもの	正直者	1184
じょうしゃ〈する〉	乗車〈する〉	448
じょうしゃぐち	乗車口	446
じょうじゅん	上旬	126
しょうしょう	少々	186
しょうすう	少数	605
じょうたい	状態	1041
じょうだん	冗談	1220
しょうてんがい	商店街	365
しょうにか	小児科	959
しょうばい〈する〉	商売〈する〉	1367
しょうひん	商品	1090
じょうひんな	上品な	1315
じょうぶな	丈夫な	889
しょうめい〈する〉	証明〈する〉	968
しょうめいしょ	証明書	968
しょうめん	正面	387
しょうらい	将来	130
しょうりゃく〈する〉	省略〈する〉	720
しようりょう	使用料	378
しょくば	職場	655
しょくひ	食費	273
しょくひん	食品	173
しょくよく	食欲	147
しょくりょうひん	食料品	173
じょしゅせき	助手席	470
しょじゅん	初旬	126
じょじょに	じょじょに	1046
じょせい	女性	98
しょっき	食器	179
ショック	ショック	1241
しょっちゅう	しょっちゅう	40
しょっぱい	しょっぱい	209
ショップ	ショップ	851
しらが	白髪	901
しりあう	知り合う	33
シリーズ	シリーズ	862
しりつ	市立	561
しりつ	私立	562
しわ	しわ	905
しんがく〈する〉	進学〈する〉	577
しんきさくせい〈する〉	新規作成〈する〉	740
しんけんな	真剣な	1224
しんさつ〈する〉	診察〈する〉	953
しんさつけん	診察券	953
しんさつじかん	診察時間	953
しんさつしつ	診察室	953
しんしふく	紳士服	832
しんしゃ	新車	495
しんしょうひん	新商品	1090

しんせき	親せき	16
しんぞう	心臓	881
しんたいそう	新体操	796
しんちょう	身長	872
しんはつばい	新発売	1091
シンプルな	シンプルな	1301
しんぽ〈する〉	進歩〈する〉	1357
しんや	深夜	129
しんやばんぐみ	深夜番組	129
しんゆう	親友	27
しんよう〈する〉	信用〈する〉	1170
しんりがく	心理学	556
しんりじょうたい	心理状態	1041
しんるい	親類	16
しんろ	進路	575

す

す	酢	171
すいぞくかん	水族館	369
スイッチ	スイッチ	260
すいはんき	炊飯器	167
すいぶん	水分	200
すいみん	睡眠	887
すいみんじかん	睡眠時間	887
すいみんぶそく	睡眠不足	887
すうかい	数回	131
すうかげつ	数か月	131
すうじつ	数日	131
ずうずうしい	図々しい	1198
スーツケース	スーツケース	770
すうねん	数年	131
すえっこ	末っ子	9
スカーフ	スカーフ	838
スカイツリー	スカイツリー	383
すがた	姿	1310
すかれる	好かれる	64
すく	すく	459
すくう	救う	1123
すくなめ〈な〉	少なめ〈な〉	1339
すぐれる	優れる	602
すすめる	すすめる	860
ずつう	頭痛	934
すっかり	すっかり	1049
すっきり[と]〈する〉	すっきり[と]〈する〉	1304
すっぱい	すっぱい	210
すてきな	素敵な	1305
ストーリー	ストーリー	861
ストライプ	ストライプ	1299
ストレスかいしょう〈する〉	ストレス解消〈する〉	1370
すなおな	素直な	1185
すばやい	すばやい	795
スピード	スピード	475
スピードいはん	スピード違反	481
すべて	全て	643
スポーツウェア	スポーツウェア	779
スマートな	スマートな	1319
すまい	住まい	245
スマイル	スマイル	1229
すます	済ます	156
すませる	済ませる	156
すむ	済む	157
ずらす	ずらす	716
すらすら[と]	すらすら[と]	594
ずるい	ずるい	1153
するどい	鋭い	1202
ずれる	ずれる	716

せ

せいかい〈する〉	正解〈する〉	592
せいかく〈な〉	正確〈な〉	593
せいかつひ	生活費	272
せいかつレベル	生活レベル	616
せいきゅうしょ	請求書	302
ぜいきん	税金	301
せいけつな	清潔な	214
ぜいこみ	税込	301
せいさく〈する〉	制作〈する〉	710
せいさん〈する〉	精算〈する〉	712
せいじか	政治家	1079
せいしゃいん	正社員	650
せいしょ〈する〉	清書〈する〉	538

せいじょう〈な〉	正常〈な〉	1172
せいじんしき	成人式	1063
せいじんのひ	成人の日	1063
ぜいたく〈な/する〉	ぜいたく〈な/する〉	279
せいちょう〈する〉	成長〈する〉	722
せいとう〈する〉	正答〈する〉	592
せいふ	政府	1080
せいべつ	性別	98
ぜいべつ	税別	301
せいめいほけん	生命保険	961
せきにん	責任	690
せっかく	せっかく	1040
せっきょくてきな	積極的な	1186
セット〈する〉	セット〈する〉	341
せつやく〈する〉	節約〈する〉	278
ぜひ	ぜひ	645
ぜひとも	ぜひとも	646
ゼミ	ゼミ	566
ぜんき	前期	558
せんぎょうしゅふ	専業主婦	112
ぜんご	前後	1363
せんこう〈する〉	専攻〈する〉	557
せんざい	洗剤	224
せんじつ	先日	123
ぜんじつ	前日	117
せんせんげつ	先々月	125
せんせんしゅう	先々週	125
せんぞ	先祖	17
ぜんたい	全体	1168
ぜんたいてきな	全体的な	1168
せんたくもの	洗濯物	231
センチ	センチ	548
せんでん〈する〉	宣伝〈する〉	708
せんぱい	先輩	682
ぜんはん	前半	783
せんろ	線路	438

そ

ぞうか〈する〉	増加〈する〉	1163
そうきん〈する〉	送金〈する〉	293
ぞうきん	ぞうきん	220
そうじき	掃除機	218
そうしん〈する〉	送信〈する〉	727
そうしんしゃ	送信者	727
そうぞう〈する〉	想像〈する〉	994
そうぞうしい	そうぞうしい	1124
そうぞうりょく	想像力	994
そうたい〈する〉	早退〈する〉	666
そうとう〈な〉	相当〈な〉	622
そうにゅう〈する〉	挿入〈する〉	736
そうべつかい	送別会	700
そうりょう	送料	353
そくど	速度	475
そせん	祖先	17
そそぐ	注ぐ	202
そそっかしい	そそっかしい	1193
そだち	育ち	105
そだつ	育つ	105
そつぎょうしき	卒業式	498
そつぎょうする	卒業する	498
そっくりな	そっくりな	26
そっと〈する〉	そっと〈する〉	969
そで	そで	850
そとがわ	外側	268
そば	そば	388
ソファー	ソファー	256
そめる	染める	826
(ひげを)そる	(ひげを)そる	326
それぞれ	それぞれ	1371
それほど	それほど	1345
そろう	そろう	328
そろえる	そろえる	328
そわそわ〈する〉	そわそわ〈する〉	1272
そん〈な〉	損〈な〉	312
そんけい〈する〉	尊敬〈する〉	18
そんざい〈する〉	存在〈する〉	69
そんする	損する	312
そんなに	そんなに	1345

た

たいいく	体育	525
たいいくかん	体育館	525

たいいくのひ	体育の日	1071
だいいちいんしょう	第一印象	1306
ダイエット	ダイエット	912
たいおん	体温	877
たいおんけい	体温計	877
たいがく〈する〉	退学〈する〉	583
だいがくいん	大学院	576
だいきん	代金	300
たいざい〈する〉	滞在〈する〉	752
たいしたことがない	大したことがない	1086
たいして	大して	1086
たいじゅう	体重	875
たいじゅうけい	体重計	876
たいしょう	対象	1384
たいそう〈する〉	体操〈する〉	796
たいてい	たいてい	337
たいど	態度	1386
タイプ	タイプ	807
たいほ〈する〉	逮捕〈する〉	1117
タイヤ	タイヤ	486
たいよう	太陽	983
ダウンロード〈する〉	ダウンロード〈する〉	746
たおす	倒す	1154
たおれる	倒れる	1154
[お]たがいに	[お]互いに	1134
たく	炊く	167
だく	抱く	84
たしか	確か	677
たしかに	確かに	677
たしかめる	確かめる	676
たしざん	足し算	543
たしょう	多少	1344
(ごみを)だす	(ごみを)出す	244
(しょるいを)だす	(書類を)出す	574
たすかる	助かる	72
たすける	助ける	71
ただ	ただ	310
タダ	タダ	379
たたく	たたく	1110
たたむ	たたむ	235

たちあがる	立ち上がる	464
たちどまる	立ち止まる	412
たちば	立場	1082
たつ	建つ	368
たつ	経つ	1362
だっこ〈する〉	だっこ〈する〉	965
たった	たった	310
たっぷり[と]〈する〉	たっぷり[と]〈する〉	1343
たて	たて	1295
たてがき	たて書き	1295
たてじま	たてじま	1295
たてまえ	建て前	1283
たてる	建てる	368
(よていを)たてる	(予定を)立てる	713
たとえ	たとえ	657
たね	種	981
たびたび	たびたび	41
たべほうだい	食べ放題	701
たまたま	たまたま	43
たまに	たまに	42
たまる	たまる	290
ためいき	ため息	884
ためす	試す	612
ためる	ためる	289
たりる	足りる	769
だるい	だるい	930
だるさ	だるさ	931
タワー	タワー	383
たんき	短期	714
たんご	単語	526
たんじゅん〈な〉	単純〈な〉	1204
たんしょ	短所	642
だんすい〈する〉	断水〈する〉	1159
だんせい	男性	98
だんたい	団体	753
だんたいりょこう	団体旅行	753
だんだん[と]	だんだん[と]	1047
たんとう〈する〉	担当〈する〉	705
だんとう	暖冬	1038
たんとうしゃ	担当者	705

だんぼう	暖房	249

ち

ち	血	879
ちいき	地域	391
ちいさめ〈な〉	小さめ〈な〉	1340
チェックアウト〈する〉	チェックアウト〈する〉	764
チェックイン〈する〉	チェックイン〈する〉	764
ちかづく	近づく	765
ちかみち〈する〉	近道〈する〉	406
ちこく〈する〉	遅刻〈する〉	504
ちしき	知識	609
ちじん	知人	33
ちちおや	父親	1
ちちのひ	父の日	1068
ちぢむ	縮む	1346
ちっとも	ちっとも	595
ちほう	地方	390
ちゃわん	茶わん	180
ちゅうおう	中央	393
ちゅうこしゃ	中古車	495
ちゅうしゃ〈する〉	注射〈する〉	963
ちゅうしゃいはん	駐車違反	480
ちゅうじゅん	中旬	127
ちゅうしょく	昼食	135
ちゅうしん	中心	393
ちゅうもく〈する〉	注目〈する〉	1093
ちゅうもん〈する〉	注文〈する〉	148
ちょうき	長期	714
ちょうきしゅっちょう	長期出張	714
ちょうし	調子	894
ちょうしょ	長所	641
ちょうじょ	長女	3
ちょうしょく	朝食	133
ちょうせい〈する〉	調整〈する〉	661
ちょうなん	長男	4
ちょうみりょう	調味料	171
ちょきん〈する〉	貯金〈する〉	288
ちょきんつうちょう	貯金通帳	288
ちらかす	ちらかす	212
ちらかる	ちらかる	212
ちりとり	ちりとり	217
ちりょう〈する〉	治療〈する〉	955
ちりょうひ	治療費	955
ちりょうほうほう	治療方法	955
ちる	散る	979

つ

ツアー	ツアー	754
つい	つい	915
ついか〈する〉	追加〈する〉	767
ついていく	ついて行く	83
ついてくる	ついて来る	83
ついでに	ついでに	317
ついに	ついに	1179
つうか〈する〉	通過〈する〉	450
つうがく〈する〉	通学〈する〉	499
つうきん〈する〉	通勤〈する〉	665
つうこうどめ	通行止め	488
つうじる	通じる	1380
つうち〈する〉	通知〈する〉	1385
つうちょうきにゅう	通帳記入	294
つうやく〈する〉	通訳〈する〉	711
つうろ	通路	432
つうろがわ	通路側	432
つかまえる	捕まえる	1115
つかまる	捕まる	1116
つきあい	付き合い	52
つきあう	付き合う	52
つきあたり	突き当たり	411
つきあたる	突き当たる	411
つぎつぎ[と]	次々[と]	1157
つぐ	つぐ	702
つたえる	伝える	1075
つたわる	伝わる	1075
つち	土	990
つつむ	包む	191
つながる	つながる	36
つなぐ	つなぐ	35
つねに	常に	346
つぶす	つぶす	1156
(かいしゃが)つぶれる	(会社が)つぶれる	1156

つまむ	つまむ	208
つむ	積む	721
つめ	つめ	845
つめる	つめる	457
つもる	積もる	1017
つらい	つらい	923
つれていく	連れて行く	60
つれてくる	連れて来る	61
つれる	連れる	24

て

であい	出会い	50
であう	出会う	51
てあらい	手洗い	919
ていいん	定員	456
ていカロリーしょくひん	低カロリー食品	913
ていきけん	定期券	428
ていきゅうび	定休日	319
ていしゃ〈する〉	停車〈する〉	451
ていしゅつ〈する〉	提出〈する〉	574
ていでん〈する〉	停電〈する〉	1158
ディナー	ディナー	138
でいりぐち	出入り口(出入口)	371
ていりゅうじょ	停留所	445
テーマ	テーマ	567
てがるな	手軽な	205
できあがり	でき上がり	206
できあがる	でき上がる	206
てきとうな	適当な	599
デザート	デザート	139
デスクトップ(パソコン)	デスクトップ(パソコン)	747
でたらめ〈な〉	でたらめ〈な〉	600
てつづき〈する〉	手続き〈する〉	568
テニスサークル	テニスサークル	871
テニスなかま	テニス仲間	28
てぶくろ	手袋	839
てま	手間	204
でまえ	出前	358
でむかえ	出迎え	347
でむかえる	出迎える	348
デリバリー	デリバリー	358
(がっこうを)でる	(学校を)出る	498
てんきよほう	天気予報	1001
でんげん	電源	339
てんさい	天才	856
てんじょう	天井	252
でんしレンジ	電子レンジ	169
てんぷ〈する〉	添付〈する〉	737
てんぷファイル	添付ファイル	737

と

とい	問い	590
といあわせ	問い合わせ	629
といあわせる	問い合わせる	629
とう	問う	590
どうか	どうか	1261
どうき	同期	687
とうきょうタワー	東京タワー	383
とうさんする	倒産する	1156
とうじ	当時	37
とうじょう〈する〉	登場〈する〉	864
とうぜん〈な〉	当然〈な〉	1351
とうとう	とうとう	1180
どうりょう	同僚	686
どうろ	道路	473
とうろく〈する〉	登録〈する〉	635
とおまわり〈する〉	遠回り〈する〉	405
とおりかかる	通りかかる	401
とおりすぎる	通り過ぎる	402
とかい	都会	398
(かみを)とかす	(髪を)とかす	327
どかす	どかす	258
どきどき〈する〉	どきどき〈する〉	1225
とく	解く	591
どく	どく	258
とく〈な〉	得〈な〉	311
とくいな	得意な	626
どくしょ〈する〉	読書〈する〉	859
とくしょく	特色	1290
どくしん	独身	111

255

とくする	得する	311
とくちょう	特徴	1289
とくちょう	特長	1289
とくばいび	特売日	309
とくばいひん	特売品	309
どける	どける	364
ところどころ	ところどころ	1016
としのくれ	年の暮れ	331
[お]としより	[お]年寄り	100
とじる	閉じる	516
とたん[に]	とたん[に]	1012
とちゅうげしゃ〈する〉	途中下車〈する〉	452
とっきゅう	特急	419
とっくに	とっくに	678
とつぜん	突然	1011
とびこむ	飛び込む	1136
とびだしちゅうい	飛び出し注意	1138
とびだす	飛び出す	1138
とほ	徒歩	403
とまり	泊まり	750
とまる	泊まる	750
ドライブ〈する〉	ドライブ〈する〉	468
ドライヤー	ドライヤー	261
トラック	トラック	496
トランク	トランク	493
とりあえず	とりあえず	357
とりかえる	取り替える	821
とりけし	取り消し	766
とりけす	取り消す	766
とりだす	取り出す	195
どりょく〈する〉	努力〈する〉	624
(いたみを)とる	(痛みを)とる	942
ドル	ドル	775
トレーニング〈する〉	トレーニング〈する〉	797
(いたみが)とれる	(痛みが)とれる	942
な		
ないか	内科	957
ないしょ	内緒	63
ないぶ	内部	268
ないよう	内容	571
ながいき〈する〉	長生き〈する〉	974
ながしだい	流し台	168
なかなおり〈する〉	仲直り〈する〉	59
なかま	仲間	28
なかよし	仲良し	29
なくす	なくす	1151
なくなる	亡くなる	1140
なくなる	なくなる	1151
なつかしい	なつかしい	1216
なつび	夏日	1033
なつもの	夏物	828
なでる	なでる	342
ななめ〈な〉	ななめ〈な〉	1297
なふだ	名札	523
なべ	なべ	160
なまいき〈な〉	生意気〈な〉	1199
なまけもの	なまけ者	625
なまける	なまける	625
なまごみ	生ごみ	242
なまほうそう	生放送	1089
なみだ	涙	1285
なやみ	悩み	1244
なやむ	悩む	1243
なんとか	なんとか	1262
なんとなく	なんとなく	1263
に		
にあう	似合う	813
におい	臭い	230
におい	匂い	230
におう	臭う	230
におう	匂う	230
にがてな	苦手な	627
にきび	にきび	898
にぎやかな	にぎやかな	366
にぎる	にぎる	192
にくい	憎い	1286
にくむ	憎む	1286
にこにこ〈する〉	にこにこ〈する〉	1327
にせさつ	にせ札	818
にせもの	にせ物	818

にちじょう	日常	345
にちじょうかいわ	日常会話	345
にちじょうせいかつ	日常生活	345
にっか	日課	798
にっこり[と]〈する〉	にっこり[と]〈する〉	1326
にってい	日程	715
にぶい	鈍い	1203
にやにや〈する〉	にやにや〈する〉	1328
にゅういんかんじゃ	入院患者	952
にゅうがくしき	入学式	497
にゅうがくする	入学する	497
にゅうかんりょう	入館料	373
にゅうじ	乳児	102
にゅうもん	入門	536
にゅうりょく〈する〉	入力〈する〉	730
にる	似る	25
にる	煮る	188
にわかあめ	にわか雨	1010

ぬ

ぬく	抜く	902
ぬける	抜ける	902
ぬすむ	盗む	1111
ぬらす	ぬらす	1013
ぬる	塗る	196
ぬるい	ぬるい	199
ぬれる	ぬれる	1013

ね

ネイル	ネイル	845
ねがい	願い	1256
ねがう	願う	1255
ネックレス	ネックレス	836
ねっする	熱する	193
ねぶそく〈な〉	寝不足〈な〉	509
ねむり	眠り	887
ねんがじょう	年賀状	1061
ねんまつねんし	年末年始	1058
ねんれい	年齢	99

の

のうぎょう	農業	1368
のうりょく	能力	662
ノースリーブ	ノースリーブ	850
ノートパソコン	ノートパソコン	747
のこす	残す	153
のこりもの	残り物	154
のせる	乗せる	469
のぞみ	望み	1254
のぞむ	望む	1254
のち	のち	1021
ノック〈する〉	ノック〈する〉	674
のばす	伸ばす	873
のびる	伸びる	873
のぼり	上り	423
のぼる	上る	423
のみかい	飲み会	699
のみほうだい	飲み放題	701
のりおくれる	乗り遅れる	440
のりかえる	乗り換える	441
のりこしりょうきん	乗り越し料金	442
のりこす	乗り越す	442
のりすごす	乗り過ごす	443
のんきな	のん気な	1191
のんびり〈する〉	のんびり〈する〉	1228

は

ばあい	場合	1149
バーゲン	バーゲン	820
バーゲンセール	バーゲンセール	820
パート	パート	650
パーマ	パーマ	825
はいしゃ	歯医者	890
バイト〈する〉	バイト〈する〉	579
ハイペース	ハイペース	789
(がっこうに)はいる	(学校に)入る	497
はえる	生える	903
ばか〈な〉	ばか〈な〉	617
はかり	はかり	876
はかる	測る	874
はかる	量る	874
はきけ	吐き気	941
はく	掃く	215
はく	吐く	940

はくしゅ〈する〉	拍手〈する〉	791
はくぶつかん	博物館	370
はげしい	はげしい	936
バケツ	バケツ	221
はずす	外す	823
バスだい	バス代	454
バスてい	バス停	445
バスのりば	バス乗り場	445
はずれる	外れる	1022
(ゆびわが)はずれる	(指輪が)外れる	823
はだか	裸	892
はだし	裸足	893
はたらきもの	働き者	1183
はっきり[と]〈する〉	はっきり[と]〈する〉	1337
はっけんしゃ	発見者	1104
はっしゃ〈する〉	発車〈する〉	449
はっせい〈する〉	発生〈する〉	1121
はってん〈する〉	発展〈する〉	1356
はつばい〈する〉	発売〈する〉	1091
ハッピー〈な〉	ハッピー〈な〉	1219
はでな	派手な	1318
パトカー	パトカー	1119
はながら	花柄	1292
はなしあい	話し合い	660
はなしあう	話し合う	660
はなしかける	話しかける	85
はなみず	鼻水	921
パニック	パニック	1128
はば	幅	1298
ははおや	母親	2
ははのひ	母の日	1067
はぶく	省く	720
はめる	はめる	822
はやめ〈な〉	早め〈な〉	362
はやり	はやり	809
はやる	はやる	809
はらいもどし	払い戻し	455
はらいもどす	払い戻す	455
ばらばらな	ばらばらな	1303
バランス	バランス	159

はり	針	241
パワー	パワー	1359
はんがく	半額	308
はんがくセール	半額セール	308
パンク〈する〉	パンク〈する〉	486
はんこ	はんこ	670
ばんごはん	晩ごはん	137
はんざい	犯罪	1103
ハンサムな	ハンサムな	1321
はんそで	半そで	850
パンツ	パンツ	834
ハンドル	ハンドル	492
はんにん	犯人	1107
はんばい〈する〉	販売〈する〉	431

ひ

ひ	日	983
ピアス	ピアス	835
ひあたり	日当たり	267
ピーク	ピーク	1166
ヒーター	ヒーター	249
ひえる	冷える	1030
ひがい	被害	1133
ひがいしゃ	被害者	1133
ひがえり	日帰り	749
ひがえりツアー	日帰りツアー	754
ひがえりりょこう	日帰り旅行	749
ひかえる	控える	914
ぴかぴか[と]	ぴかぴか[と]	1335
ひがわり	日替わり	306
ひきざん	引き算	543
ひきだす	引き出す	291
ひきわけ	引き分け	785
ひく	ひく	491
びじょ	美女	1320
ひじょうぐち	非常口	1162
ひじょうじ	非常時	1162
ひじょうな	非常な	1032
びじん	美人	1320
ひたい	額	878
ひっくりかえす	ひっくり返す	1389

ひっくりかえる	ひっくり返る	1389
ひづけ	日付	569
ひっしゃ	筆者	570
びっしり[と]	びっしり[と]	461
ぴったり〈する〉	ぴったり〈する〉	814
ヒット〈する〉	ヒット〈する〉	1094
ヒットきょく	ヒット曲	1094
ヒットさく	ヒット作	1094
ヒットしょうひん	ヒット商品	1094
ひとこと	ひとこと	685
ひとごみ	人ごみ	397
ひとなつこい	人なつこい	1189
ひとなつっこい	人なつっこい	1189
ひとりぐらし	一人暮らし	578
ひとりっこ	一人っ子	10
ひとりひとり	一人ひとり	669
ひとりむすこ	一人息子	12
ひとりむすめ	一人娘	12
ひなにんぎょう	ひな人形	1064
ひなまつり	ひな祭り	1064
ひにち	日にち	748
ひねる	ひねる	263
ひのいり	日の入り	983
ひので	日の出	983
ひふ	皮ふ	885
ひみつ	秘密	62
びみょうな	微妙な	1281
ひゃくえんショップ	100円ショップ	851
ひやけ〈する〉	日焼け〈する〉	906
ひやす	冷やす	198
ひよう	費用	757
ひょうげん〈する〉	表現〈する〉	1269
ひょうじょう	表情	1309
ひょうばん	評判	1092
ひょうめん	表面	1331
ひらく	開く	516
[お]ひるごはん	[お]昼ごはん	135
ひるね〈する〉	昼寝〈する〉	329
ひろがる	広がる	1390
ひろげる	広げる	1391
びんぼう〈な/する〉	貧乏〈な/する〉	1355
ふ		
ファインプレー	ファインプレー	801
ファン	ファン	802
ふあん〈な〉	不安〈な〉	1245
ふうふ	夫婦	14
ぶか	部下	681
ふきげん〈な〉	不機嫌〈な〉	1276
ぶきような	不器用な	1208
ふく	ふく	219
ふくそう	服装	640
ふくつう	腹痛	935
ふけいき〈な〉	不景気〈な〉	1173
ふけつな	不潔な	214
[ご]ふさい	[ご]夫妻	15
ぶじ〈な〉	無事〈な〉	1129
ふしぎ〈な〉	不思議〈な〉	1322
ふじんふく	婦人服	831
ふせぐ	防ぐ	1130
ふたたび	再び	1131
ふだん	ふだん	334
ふだんぎ	ふだん着	335
ぶつ	ぶつ	1110
ふつう〈な〉	普通〈な〉	1323
ぶつかる	ぶつかる	490
ぶつける	ぶつける	490
ぶつぶつ	ぶつぶつ	1249
ぶつりがく	物理学	556
ふと	ふと	1267
ふとめ〈な〉	太め〈な〉	1341
ふなたび	船旅	772
ふなびん	船便	772
ぶぶん	部分	949
ふまん〈な〉	不満〈な〉	692
ふみきり	踏切	439
ふむ	踏む	444
ふゆかいな	不ゆかいな	1222
ふゆび	冬日	1036
ふゆもの	冬物	829
フライパン	フライパン	161

ブラシ	ブラシ	228
プラス	プラス	1026
プラットホーム	プラットホーム	437
ぶらぶら〈する〉	ぶらぶら〈する〉	399
ブランド	ブランド	816
フリーター	フリーター	113
ふりこみ	振り込み	292
ふりこむ	振り込む	292
ふりむく	振り向く	87
(ひとを)ふる	(人を)ふる	66
ふるえる	ふるえる	945
ふるぎ	古着	847
ふるさと	ふるさと	1023
プレー〈する〉	プレー〈する〉	801
ブレーキ	ブレーキ	467
プレッシャー	プレッシャー	691
プロ	プロ	800
ブログ	ブログ	742
プロバイダー	プロバイダー	745
プロフェッショナル	プロフェッショナル	800
ふんいき	雰囲気	1311
ぶんけい	文系	554

へ

へいき〈な〉	平気〈な〉	1277
へいきん〈する〉	平均〈する〉	1175
へいきんてん	平均点	1175
ペース	ペース	789
ぺこぺこな	ぺこぺこな	910
ペットショップ	ペットショップ	851
ヘッドホン	ヘッドホン	869
べつべつ〈な〉	別々〈な〉	46
ぺらぺら[と]	ぺらぺら[と]	1330
ベルト	ベルト	849
へんか〈する〉	変化〈する〉	1042
へんかん〈する〉	変換〈する〉	731
へんきゃくする	返却〈する〉	522
へんこう〈する〉	変更〈する〉	734
へんしん〈する〉	返信〈する〉	728
ペンダント	ペンダント	836
[お]べんとう	[お]弁当	142
へんな	変な	1056

ほ

ポイント	ポイント	784
ほうがく	法学	556
ほうき	ほうき	216
ほうこう	方向	404
ほうこく〈する〉	報告〈する〉	698
ほうせき	宝石	837
ほうたい	包帯	972
ほうちょう	包丁	162
ほうにち〈する〉	訪日〈する〉	776
ほうふな	豊富な	975
ぼうりょく	暴力	1101
ほえる	ほえる	997
ほお	ほお	844
ボーナスばらい	ボーナス払い	298
ホーム	ホーム	437
ホームページ	ホームページ	631
ホームラン	ホームラン	781
ホール	ホール	377
ほがらかな	ほがらかな	1188
ほけん	保険	960
ほけんしょう	保険証	961
ほこう〈する〉	補講〈する〉	551
ほこり	ほこり	226
ほこりアレルギー	ほこりアレルギー	916
ほしゅう	補習	551
ぼしゅう〈する〉	募集〈する〉	633
ほしょう〈する〉	保証〈する〉	819
ほしょうしょ	保証書	819
ほす	干す	233
ほそめ〈な〉	細め〈な〉	1341
ほぞん〈する〉	保存〈する〉	739
ほっと〈する〉	ほっと〈する〉	1227
ほどうきょう	歩道橋	382
ほどく	ほどく	359
ほほ	ほほ	844
ほほえみ	ほほえみ	1229
ほほえむ	ほほえむ	1229
ボランティア	ボランティア	1393

ボランティアかつどう	ボランティア活動	1393
ボランティアだんたい	ボランティア団体	1393
ほる	ほる	988
ほんき〈な〉	本気〈な〉	1278
ほんじつ	本日	115
ポンド	ポンド	775
ほんにん	本人	110
ほんね	本音	1283
ほんもの	本物	817
ほんやく〈する〉	翻訳〈する〉	711
ぼんやり[と]〈する〉	ぼんやり[と]〈する〉	1337

ま

まあまあ〈な〉	まあまあ〈な〉	623
まいご	迷子	1148
マイナス	マイナス	1027
マイペース	マイペース	789
マウス	マウス	743
まく	巻く	973
まさか	まさか	1096
ましな	ましな	1284
まじめ〈な〉	まじめ〈な〉	1182
マスク	マスク	922
まずしい	貧しい	1354
マスター〈する〉	マスター〈する〉	628
ますます	ますます	1048
まちあわせ	待ち合わせ	75
まちあわせる	待ち合わせる	75
まちがい	間違い	601
まちがう	間違う	601
まちがえる	間違える	601
まっかな	真っ赤な	1302
まっくろな	真っ黒な	1302
まつげ	まつ毛	843
マッサージ〈する〉	マッサージ〈する〉	932
まっさおな	真っ青な	1302
まっしろな	真っ白な	1302
まどがわ	窓側	432
まどぐち	窓口	430
まとまる	まとまる	572
まとめる	まとめる	572

マナー	マナー	107
まないた	まな板	163
まなつび	真夏日	1034
マニキュア	マニキュア	845
まね〈する〉	まね〈する〉	96
まぶしい	まぶしい	1020
まぶた	まぶた	888
まふゆび	真冬日	1037
マフラー	マフラー	840
まゆげ	まゆ毛	843
まよい	迷い	1280
まよう	迷う	1279
まよなか	真夜中	129
まわりみち〈する〉	回り道〈する〉	406
まんいん	満員	460
まんしつ	満室	763
まんせき	満席	460

み

[お]みあい〈する〉	[お]見合い〈する〉	67
みあいけっこん	見合い結婚	67
みあげる	見上げる	995
ミーティング〈する〉	ミーティング〈する〉	659
みおくり	見送り	349
みおくる	見送る	350
みおろす	見下ろす	996
みがく	みがく	227
みかける	見かける	414
みかた〈する〉	味方〈する〉	93
ミス〈する〉	ミス〈する〉	697
みずぎ	水着	804
みずたま	水玉	1293
みずたまもよう	水玉模様	1293
みせ	店	851
みつぼしレストラン	三つ星レストラン	762
みなおす	見直す	733
みほん	見本	811
みょうじ	名字	97
みらい	未来	130
みりょく	魅力	1282
みりょくてきな	魅力的な	1282

	む	
むかえる	迎える	1060
むかんしん〈な〉	無関心〈な〉	1275
むく	むく	184
むじ	無地	1300
むし〈する〉	無視〈する〉	86
むしあつい	蒸し暑い	1024
むしば	虫歯	891
むしょく	無職	114
むす	蒸す	190
むすぶ	結ぶ	359
むせきにんな	無責任な	690
むだ〈な〉	むだ〈な〉	314
むだづかい〈する〉	むだづかい〈する〉	315
むだん	無断	667
むちゃくちゃ〈な〉	むちゃくちゃ〈な〉	1177
むちゅう〈な〉	夢中〈な〉	1230
むりょう	無料	379

	め	
めい	めい	23
メイク〈する〉	メイク〈する〉	841
めいさく	名作	863
めいれい〈する〉	命令〈する〉	693
めいわく〈な/する〉	迷惑〈な/する〉	1246
メールアドレス	メールアドレス	109
めざす	目指す	611
めじるし	目印	381
めだつ	目立つ	1333
めちゃくちゃ〈な〉	めちゃくちゃ〈な〉	1177
めったに	めったに	44
めまい	めまい	938
メンズウェア	メンズウェア	779
メンズ(ファッション)	メンズ(ファッション)	832
めんせつ〈する〉	面接〈する〉	636
めんどう〈な〉	面倒〈な〉	1247
めんどうくさい	面倒くさい	1248
メンバー	メンバー	34

	も	
もうかる	もうかる	664
もうける	もうける	664
もうしょび	猛暑日	1035
もえないごみ	燃えないごみ	242
もえるごみ	燃えるごみ	242
モーニング	モーニング	134
もちもの	持ち物	768
もったいない	もったいない	155
もっとも	最も	1178
もてる	もてる	65
もとめる	求める	1387
もともと	もともと	1072
ものおき	物置	266
ものがたり	物語	540
ものさし	ものさし	547
ものすごい	ものすごい	1264
もよう	模様	1288
もようがえ	模様替え	1288

	や	
やおや	八百屋	386
やかましい	やかましい	1251
やく	約	1176
やくわり	役割	663
やけど〈する〉	やけど〈する〉	939
やちん	家賃	265
やっと	やっと	1097
やっぱり	やっぱり	1095
やとう	やとう	647
やはり	やはり	1095
やまのひ	山の日	1069
やむ	止む	1015
やりとり〈する〉	やり取り〈する〉	729
やる	やる	91
やるき	やる気	614

	ゆ	
ゆうき	勇気	1231
ゆうこう	友好	1375
ゆうこうかんけい	友好関係	1375
ゆうこうきげん	有効期限	429
ゆうこうこく	友好国	1375
ゆうじょう	友情	31
ゆうしょく	夕食	137

ゆうせんせき	優先席	463
ゆうそう〈する〉	郵送〈する〉	351
ゆうめいブランド	有名ブランド	816
ユーモア	ユーモア	1221
ゆうりょう	有料	379
ユーロ	ユーロ	775
ゆか	床	253
ゆかいな	ゆかいな	1222
ゆきさき	行き先	415
ゆくえふめい	行方不明	1139
ゆずる	ゆずる	465
ゆたかな	豊かな	975
ゆでる	ゆでる	189
ゆのみ	湯のみ	180
ゆるい	ゆるい	485
ゆれる	ゆれる	1160

よ

ようじ	幼児	102
ようす	様子	1308
よきん〈する〉	預金〈する〉	288
よきんつうちょう	預金通帳	288
よく	よく	361
よくげつ	翌月	118
よくじつ	翌日	118
よくしゅう	翌週	118
よくとし	翌年	118
よくねん	翌年	118
よこ	横	1296
よこがき	横書き	1296
よこぎる	横切る	413
よこじま	横じま	1296
よごれ	汚れ	232
よごれる	汚れる	232
よさん	予算	758
よそう〈する〉	予想〈する〉	1000
よだれ	よだれ	897
よっぱらい	酔っぱらい	909
よっぱらう	酔っぱらう	908
よのなか	世の中	1083
よふかし〈する〉	夜ふかし〈する〉	338
よほう〈する〉	予報〈する〉	1001
よる	寄る	316
よろこぶ	喜ぶ	1236

ら

ライト	ライト	384
ライトアップ	ライトアップ	384
らいにち〈する〉	来日〈する〉	776
ライバル	ライバル	792
ライブ	ライブ	1089
ラップ〈する〉	ラップ〈する〉	177
ランチ	ランチ	136

り

りか	理科	541
りかい〈する〉	理解〈する〉	610
りけい	理系	555
りこう〈な〉	利口〈な〉	617
リサイクル〈する〉	リサイクル〈する〉	363
りそう	理想	1349
りそうてきな	理想的な	1349
りっぱな	立派な	1332
リピートする	リピートする	530
リビング	リビング	246
りゅうこう〈する〉	流行〈する〉	808
りゅうこうご	流行語	808
りゅうこうしょく	流行色	808
りょう	量	158
りょう	寮	581
りょうがえ〈する〉	両替〈する〉	774
りょうしゅうしょ	領収書	303
りょうほう	両方	1372
りょかん	旅館	761
リラックス〈する〉	リラックス〈する〉	333
りれきしょ	履歴書	637

る

るすばんでんわ	留守番電話	360

れ

れいか	冷夏	1039
れいぎ	礼儀	107
れいとう〈する〉	冷凍〈する〉	211
れいとうしょくひん	冷凍食品	211

れいぼう	冷房	250
レジぶくろ	レジ袋	318
れつ	列	478
レディース〈ファッション〉	レディース〈ファッション〉	831
レディースウェア	レディースウェア	779
レトルトしょくひん	レトルト食品	173
レベル	レベル	616
れんあい〈する〉	恋愛〈する〉	68
れんあいけっこん	恋愛結婚	68
れんあいたいしょう	恋愛対象	1384
レンタル〈する〉	レンタル〈する〉	281
レンタルビデオ	レンタルビデオ	281

ろ

ろうじん	老人	101
ろうじんホーム	老人ホーム	380
ローマじ	ローマ字	550

わ

ワイシャツ	ワイシャツ	644
わかす	沸かす	201
わがまま〈な〉	わがまま〈な〉	1196
わく	沸く	201
わくわく〈する〉	わくわく〈する〉	1226
わける	分ける	207
わざと	わざと	1132
わざわざ	わざわざ	1265
わたしたち	私たち	95
わふくすがた	和服姿	1310
わりかん	割り勘	280
わりこみ	割り込み	479
わりこむ	割り込む	479
わりざん	割り算	543
わりびき	割引	307
わりびきけん	割引券	307
わりびく	割り引く	307
(たまごを)わる	(卵を)割る	183
わるぐち	悪口	94
われわれ	我々	95

일본 유학은 HED 와 상담하세요.

1984 년부터 많은 스토리를 만들어 왔습니다.
각 분야의 전문 사이트 참조

한국유학개발원
www.hed.co.kr

일본대학교정보센터
www.univ-hed.co.kr

일본대학원정보센터
www.grad-hed.co.kr

일본전문학교정보센터
www.prof-hed.co.kr

일본중고등학교정보센터
www.high-hed.co.kr

홈스테이인재팬
www.homestay-in-japan.co.kr

〈 기타 개별 학교 사이트 〉

□ 동경외어전문학교 : www.tflc.co.kr　　□ 메이케이학원고등학교 : www.meikeiheigh.co.kr
□ 관서외어전문학교 : www.kansaicollege.co.kr　　□ 쇼린고등학교 : www.shorinhigh.co.kr
□ 인터컬트일본어학교 : www.inter-cult.co.kr　　□ 센다이이쿠에이고 : www.sendai-high.co.kr
□ 아크아카데미어학교 : www.arc-korea.co.kr　　□ 오사카 건국고등학교 : www.keongkuk.co.kr
□ 중앙공학교부속어학교 : www.chuojalan.co.kr　　□ 코리아국제고등학교 : www.kiskorea.co.kr

〈 문의 / 접수 〉 HED 한국유학개발원 / 전화 : 02-552-1010 / 이메일 : hedc@hed.co.kr
주소 : 서울특별시 서초구 강남대로 381, 두산빌딩 709 호 (강남역 6 번 , 7 번 출구 사이)

일본유학, JLPT・EJU대책, 진학・취업지원
일본어교사양성, 기업연수, 취업소개, 교재출판

세계로의 다리, 질 높은 일본어교육
ARC アークアカデミー

ARC 그룹 1986년 창립

아크아카데미 신주쿠교　ARC도쿄일본어학교
ARC오사카일본어학교　ARC교토일본어학교
www.arc-k.co.kr (한국어)

한국연락사무소

HED 주식회사 해외교육사업단

서울특별시 서초구 강남대로 381, 두산 709호
전화 : 02-552-1010 / 팩스: 02-552-1062
홈페이지: www.hed.co.kr

<저자> 아크아카데미
1986년 창립. ARC 그룹교로서 ARC 도쿄일본어학교, 아크아카데미 신주쿠교, 오사카교, 교토교, 베트남교가 있다. 일본어교사양성과의 졸업생도 1만명을 넘어, 일본어를 통하여 사회공헌할 수 있는 인재육성을 목표로 하고 있다.

감수 엔도 유미코
와세다대학대학원 일본어교육연구과 석사과정 수료
아크아카데미 신주쿠교 교장

집필 야마다 미쓰코
릿쿄대학문학부 교육학과 졸업
ARC 도쿄일본어학교 강사

협력 세키 리키
ARC 도쿄일본어학교 전임강사

합격필승 일본어능력시험 N3 단어장 2000

발　　행　　일 : 2020년 12월 01일(초판)
저　　　　　자 : 아크아카데미
발　　행　　인 : 송 부 영
발　　행　　처 : (주)해외교육사업단
출 판 등 록 : 제16-1456호
주　　　　　소 : 서울특별시 서초구 강남대로 381, (두산709호)
전　　　　　화 : 02-736-1010
이　　메　　일 : song@hed.co.kr
홈 페 이 지 : www.hedgroup.co.kr

*본사에서는 소중한원고, 새로운 기획의 제안을 기다리고 있습니다.
*이 책은 저작권법에 의해 보호를 받는 저작물이므로 무단 전재와 복제를 금합니다.
*잘못된 책은 구입하신 서점이나 본사에서 교환해드립니다.
ⓒARC ACADEMY Japanese Language School 2019
Originally Published in Japan by ASK Publishing Co., Ltd., Tokyo